丛书主编　汤重南

抗战十四年 · 中华儿女传奇

夜袭阳明堡

刘建军　吴耀明　著

南京出版传媒集团
南京出版社

图书在版编目（CIP）数据

夜袭阳明堡 / 刘建军，吴耀明著. --南京：南京出版社，2018.8

（抗战十四年 · 中华儿女传奇）

ISBN 978-7-5533-2208-7

Ⅰ. ①夜… Ⅱ. ①刘… ②吴… Ⅲ. ①抗日战争—史料—代县 Ⅳ. ①K265.06

中国版本图书馆CIP数据核字（2018）第069917号

丛 书 名：抗战十四年 · 中华儿女传奇
总 策 划：卢海鸣
书　　名：夜袭阳明堡
作　　者：刘建军　吴耀明
出版发行：南京出版传媒集团
南 京 出 版 社
社址：南京市太平门街53号　　邮编：210016
网址：http://www.njcbs.cn　电子信箱：njcbs1988@163.com
联系电话：025-83283893、83283864（营销）　025-83112257（编务）

出 版 人：项晓宁
出 品 人：卢海鸣
责任编辑：严行健
装帧设计：王　俊
责任印制：杨福彬

制　　版：南京新华丰制版有限公司
印　　刷：南京玉河印刷厂
开　　本：787毫米×1092毫米　1/16
印　　张：6.25
字　　数：69千
版　　次：2018年8月第1版
印　　次：2021年11月第4次印刷
书　　号：ISBN 978-7-5533-2208-7
定　　价：20.00元

总 序

中华民族是一个有着5000多年文明史的伟大民族，为人类文明进步做出了不可磨灭的贡献。进入近代以后，由于列强的入侵和封建统治的腐败，中国落伍了，一步步沦为半殖民地半封建社会。特别是由于日本军国主义的野蛮入侵，中华民族濒临亡国灭种的境地。1931年9月18日，日本帝国主义悍然对驻守沈阳的中国军队发动进攻，制造了蓄谋已久的九一八事变。

“兄弟阋于墙，外御其侮。”面对日本军国主义的野蛮侵略，中华民族并没有在外敌面前屈服、倒下，而是更加同仇敌忾、奋勇杀敌。在整个抗战期间，在中国共产党领导的抗日民族统一战线指引下，中国各党派、各民族、各阶级、各阶层、各团体以及海外华侨华人义无反顾地投身到抗击日本侵略者的洪流之中，进行了艰苦卓绝的战争。特别由中国共产党领导的东北抗日联军、八路军、新四军更是在异常艰苦的条件下英勇抗击日本侵略者，取得了一个又一个骄人战绩。他们的英勇事迹在中华民族反抗外敌侵略的历史上谱写了光辉的一页，充分凸显中国共产党在整个抗日战争中的中流砥柱作用。最终中国人民取得了抗日战争的伟大胜利，宣告了世界反法西斯战争的完全胜利。中国人民抗日战争胜利是全体中华儿女的荣光。

2015年9月3日，习近平同志在《纪念中国人民抗日战争暨世界反法西斯战争胜利70周年大会上的讲话》中明确提出："中国人民经过长达14年艰苦卓绝的斗争，取得了中国人民抗日战争的伟大胜利，宣告了世界反法西斯战争的完全胜利。"在中央政治局第25次集体学习时，习近平同志进一步提出："要注重研究九一八事变后14年抗战的历史，14年要贯通下来统一研究。"2017年1月，教育部要求各级各类教材全面落实"十四年抗战"概念，把中小学地方课程教材中的"八年抗战"字样改为"十四年抗战"，并根据情况修改与此相关内容，确保树立并突出十四年抗战概念。这表明，长期以来认识不尽一致的抗日战争的起点问题，最终通过进入教材的形式加以解决。

"十四年抗战"概念的提出，体现了将九一八事变、东北抗战等局部抗战与1937年卢沟桥事变后的全面抗战作为一个整体来观照和研究，更能增强震撼力和感染力。另外，长期以来，中国抗日战争史就面临着被"西方中心论"者消解、忽视的境遇，作为第二次世界大战和世界反法西斯战争的东方主战场，中国战场的历史地位在欧美大中小学教材和研究著作中不被重视；而全面抗战爆发前的中国人民，特别是中国共产党领导的东北抗联的孤军奋战，更是鲜有人问津。"十四年抗战"进入中国国民教育系统，是扭转这一局面的重要举措，是在国际范围内建立自身历史话语权的现实需要。这也是对毛泽东主席所说的"伟大的中国抗战，不但是中国的事，东方的事，也是世界的事”“我们的敌人是世界性的敌人，中国的抗战是世界性的抗战”等论断的最好诠释。

此套丛书以通俗易懂的语言、引人入胜的故事、准确的历史史实，展现抗战期间在中国共产党领导下的东北抗日联军、八路军、新四军英勇抗敌的14个经典战役战斗事迹，再现波澜壮阔的敌后战场、机动灵活的战略战术和引以为傲的骄人战绩。向广大青少年表达中华儿女视死如归、宁死不屈的民族气节，不畏强暴、血战到底的英雄气概，百折不挠、坚忍不拔的必胜信念。同时，通过对中国共产党领导下的一个个经典战役、战斗的讲述，一方面，加强对青少年乃至全社会的历史传承，消除近年来“抗日神剧”等历史泛娱乐化所造成的认识混乱以及价值观扭曲，积极正本清源；另一方面，通过史实再次证明中国共产党在抗日战争中的中流砥柱作用，拆穿日本右翼势力矢口否认日本对中国发动的侵略战争、极力美化日本在中国所犯下的滔天罪行的惊天谎言。

“以史为鉴，可以知兴替。”当下，我们正走在实现中华民族伟大复兴中国梦的征途中，国家综合实力、人民生活水平都有显著提高。越是在这种时候，我们越是不能忘记为了实现民族独立、人民解放而抛头颅、洒热血的革命先烈和革命事迹。相信通过此套丛书的出版，必将具有深远的历史意义和极强的现实意义，也必将在国内外产生广泛反响。

汤重南

（中国社会科学院研究员、博士生导师，

中国日本史研究会名誉会长，中日历史共同研究委员会中方委员）

目　录

引 言

2015年8月26日，中央军委主席习近平签署命令，授予夜袭阳明堡“战斗模范连”传人——第31集团军某步兵团四连“强军精武红四连”荣誉称号。

2015年9月3日上午，在隆重举行的纪念中国抗日战争胜利70周年盛大阅兵式上，传承着光荣革命传统的“夜袭阳明堡战斗模范连”英模部队方队作为10个以英模部队名称命名的徒步方队之一，经过天安门广场，接受习近平主席的检阅。

随着高高飘扬的鲜红的军旗，抗战名团的威名再次名扬天下。

是什么原因，使得这支部队享此盛誉呢?

让我们沿着历史的脚步前去追觅。

这个抗战模范团的前身是能征善战、让敌人闻风丧胆的红军主力师第10师。

抗战时期，这支部队改编为第八路军第129师第769团。

改编后不久，第769团就在团长陈锡联的带领下取得了飞兵夜袭

接受检阅的“夜袭阳明堡战斗模范连”英模部队

阳明堡日军飞机场的辉煌战绩。

1937年10月19日凌晨1时，在夜袭阳明堡飞机场的战斗中，第769团3营的勇士们用集束手榴弹、炸药包将日军飞机场20余架敌机炸毁，摧毁了日军在忻口战役的重要空中力量，牵制了日军向太原的进攻，有力地支援了国民党军在忻口的防御作战。

这次夜袭战展现了八路军第769团官兵们的机智果敢、顽强英勇，极大地鼓舞了全国人民抗日的信心，是中国抗日战争史上浓墨重彩的一场经典战役。

战后，担任突击任务的该团第3营第10连被129师司令部授予“战斗模范连”荣誉称号，第769团更是名扬四方，是抗战初期“四大名团”中唯一的八路军部队。

和平年代，这支部队传承光荣传统。作为镇守东南的雄师劲旅，这支部队秉承“特别听党话、特别能奉献、特别能吃苦、特别守纪律、特别能战斗”和“严狠实正”等光荣传统，成为担当强军重任的过硬部队。

富有传奇色彩的是，这支英雄团队从抗战时期的第769团到以后沿革为第91团，再到第106团，始终保持了红军团队完整的建制。它被许世友司令员称为“老祖宗”部队。红四方面军许多将领都和这个团一起战斗过。陈锡联、王近山、李德生等著名战将和以后的100多位共和国将军都从这里走出，使该团被誉为名副其实的“百将团”。

历史不容忘记！下面就让我们一起来回望历史，梳理和复原这个名团飞兵夜袭阳明堡飞机场的传奇故事，领略和感悟孕育其中的宝贵经验和革命精神。

一　抗日御侮救中华 八路军誓师出征

日本是一个位于中国东邻、与中国一海相隔的岛国。在漫长的历史岁月里，日本一直以学习中国先进文明为荣。但是，1868年明治维新以来，日本在走上了资本主义强国道路的同时，向外侵略扩张的野心不断膨胀，开始逐步推行以灭亡中国、进而吞并亚洲、称雄世界为战略目标的“大陆政策”。

在这一“大陆政策”的驱动下，日本先后于1874年侵略中国台湾，1894年发动中日甲午战争，1900年主动参与八国联军侵华战争，1904—1905年进行与俄国争夺中国东北的日俄战争，1914年借口对德国宣战出兵占领山东青岛，1915年提出旨在灭亡中国的“二十一条”，1928年又先后制造济南惨案和皇姑屯事件。

1931年9月18日夜，日本关东军在沈阳北大营附近柳条湖地区，炸毁南满铁路，进攻中国驻军，制造了震惊中外的“九一八事变”。由此，日本掀开了局部侵华战争，也拉开了第二次世界大战的序幕。

“九一八事变”后，日本侵略军很快侵占了中国东北全境，中国人

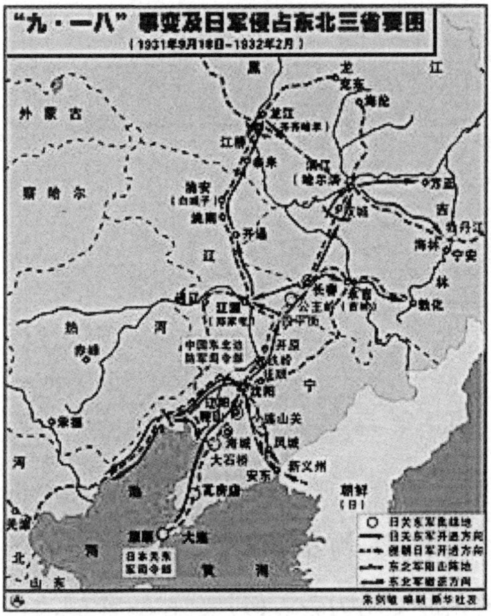

"九一八"事变日军侵占我国东北

民从此开展了长达 14 年的抗日斗争。

1932 年 1 月 28 日，日本驻上海军队向闸北中国驻军发起猛烈攻击，这就是日本帝国主义制造的"一·二八事变"。驻守上海地区的国民党第 19 路军在蔡廷锴和蒋光鼐将军的率领下奋起抵抗。在全国各界的积极支援下，第 19 路军全体官兵浴血奋战，坚持战斗了 33 天，以劣势武器装备抵抗了日本陆海军的联合进攻，展现了中国军人的铮铮铁骨。

1932 年 3 月 9 日，日本扶植清朝末代皇帝溥仪，在长春成立了"伪满洲国"，溥仪任"执政"。日本帝国主义由此操纵了中国东北的政治、经济、军事和文化的一切大权，把中国东北完全变成了日本的殖民地。

但是，日本侵略者并不以此为满足。1933 年 2 月 21 日，日本关东军、伪满军 10 余万人，以锦州为基地兵分三路，开始进犯毗连东北三省的热河省（今分属河北省、辽宁省和内蒙古自治区），制造了热河事变。3 月 4 日，日军川原旅团先头部队仅以 128 骑占领热河省省会承德。4 月 21 日，日军占领兴隆。至此，除热西的丰宁等县外，热河全境沦陷于日寇之手。

1933年3月至5月，日本帝国主义把侵略的矛头进一步指向中国华北地区。国民党东北军、西北军、中央军等部开始在长城的义院口、冷口、喜峰口、古北口等地,抗击侵华日军的进攻。中国军队顽强抵抗、浴血奋战，但日军装备精良、训练有素，最终长城沿线失守，平津危急。

1933年4月至5月,日军越过长城,进逼平津,并侵占察哈尔省（今分属内蒙古自治区和河北省）多伦、沽源等地。

在中国共产党的建议和帮助下，冯玉祥于5月26日在张家口通电成立察哈尔民众抗日同盟军，自任总司令，先后响应加入者七八万人。6月下旬至7月上旬,抗日同盟军接连收复康保、宝昌、沽源和多伦等地。

对抗日同盟军的抗日斗争，以蒋介石为首的国民党政府始则阻挠破坏，继则武力镇压。同时日军也向察哈尔调动。8月5日，冯玉祥在国民党军及日军的双重压迫下，通电结束抗日军事行动，取消同盟军总部，离开张家口。吉鸿昌、方振武等按照中共河北省前线工作委员会的决定，将队伍转移张北，由方振武出任代总司令(后改称讨贼联军)。9月，转入河北，与国民党的军队和日军周旋于昌平、高丽营、大小汤山一带。10月中旬，同盟军弹尽粮绝，终于失败。

土肥原贤二

日本侵略者在对中国实行军事进攻的同时，也辅以政治打击，加紧策反和诱降。1933年5月底，国民党政府和日本关东军签订了《塘沽协定》，承认了日军对热河省的侵占，拱手让出了长城线以北地域的主权。从此，华北门户洞开。

为了把华北变为第二个“满洲国”，日本又开始制定与推行渗透和分裂华北的“华北自治运动”。1935 年 6 月 27 日，中方代表察哈尔省代理主席秦德纯和日本代表土肥原贤二签订了《秦土协定》。该协定迫使国民党 29 军大部移驻河北，日军达到了控制察哈尔省的目的。

为了进一步夺取河北，1933 年 5 月 29 日开始，日本侵略者不断向国民党政府华北军分会代理委员长何应钦施压。6 月 9 日，日本华北驻屯军司令官梅津美治郎向何应钦提出备忘录（日文为“觉书”），限三日答复。何应钦经与日方秘密会商后，于 7 月 6 日正式复函梅津美治郎，表示对“所提各事项均承诺之”，接受日方要求。双方达成的《何梅协定》规定：取消国民党在河北及平津的党部；撤退驻河北的东北军、中央军和宪兵第三团；撤换河北省主席和北平（今北京市）、天津市长；取缔河北省的反日团体和反日运动。

日本侵略者在通过《秦土协定》和《何梅协定》获得河北、察哈尔两省大部分主权后，加紧策划“华北五省自治运动”。1935 年 11 月 25 日，在日本指示下，汉奸殷汝耕在通县（今北京市通州区）组织成立伪冀东防共自治委员会。12 月，日本进一步迫使国民政府组织了半独立状态的冀察政务委员会，冀、察、平、津变成了半沦陷状态。

为了寻求有效的救亡途径，中国共产党进行了艰难的探索。1935 年 10 月 1 日，中国共产党发布《八一宣言》，

西安事变

呼吁停止内战，集中国力共同抗日。12 月 9 日，在中共北平临时工作委员会的领导下，北平广大爱国学生游行示威，向何应钦提出停止一切内战，反对“防共自治运动”，公布中日交涉经过等 6 项要求，但遭到拒绝和镇压。

北平学生的爱国运动，迅速得到了全国人民的热烈响应。为进一步扩大影响，北平、天津的大中学生在中国共产党的领导下，组织“平津学生南下扩大宣传团”，深入工厂、农村，向工农大众宣传抗日救国道路。

1936 年 12 月 12 日，张学良和杨虎城为了达到劝谏蒋介石改变“攘外必先安内”的既定国策，停止内战，一致抗日的目的，在西安发动“兵谏”。12 月 25 日，西安事变在中共中央主导下，以蒋介石接受“停止内战，联共抗日”的主张而和平解决。

西安事变的和平解决为抗日民族统一战线的建立准备了必要的前提，成为由国内战争走向抗日民族战争的转折点。国共两党开始了合作抗日的谈判，为第二次国共合作奠定了基础。

1937 年 7 月 7 日晚，驻守北平城西南 15 公里的卢沟桥附近的日军第 4 混成旅团第 1 联队第 3 大队第 8 中队，事先没有通知中国地方当局，径自举行夜间军事演习。随后，日军借口一名士兵失踪，无理要求进入县城搜查。中国驻军第 29 军第 37 师吉星文团“以值深夜，日军入城足引起地方不安，且我方官兵正值睡眠，枪声非

卢沟桥事变

我方所发”，加以拒绝。第二天清晨，双方正交涉间，日军突然炮轰宛平城。当地驻军第 29 军奋起抵抗。这就是卢沟桥事变，也叫七七事变。从此，日本开始了全面侵华战争。中国随之展开了全国性抗日战争。

日本军国主义这次全面侵华，不同于以往发动的局部侵略战争，而是旨在灭亡中国、将中国变为其独占的殖民地的全面战争。事变发生后，日本政府随即决定要立即增兵华北，扩大战争。所以，卢沟桥事变是中国大规模全国性抗日战争的开始。日本发动的全面侵华战争，使中华民族面临亡国灭种的严重危险。中华民族到了最危险的时候。

卢沟桥事变发生的第二天，中共中央就发出《中国共产党为日军进攻卢沟桥通电》，指出：平津危急！华北危急！中华民族危急！呼吁全国人民实行全民族抗战，提出国共两党亲密合作抵抗日寇的新进攻。同一天，红军将领由毛泽东、朱德领衔，致电蒋介石，要求实行全国总动员，保卫平津，保卫华北，规复失地，并表示“为国效命，与敌周旋以达保土卫国之目的”。

7 月 14 日，中共中央再次向国民政府表示：愿在蒋介石指挥下，红军主力准备随时出动抗日；同意担任平绥线国防，只是红军特长在运动战，防守非其所长，最特长于同防守之友军配合作战，并且愿意以一部深入敌后方，打其后方。同一天，毛泽东和朱德发布了关于红军在十天内准备完毕，待命开赴抗日前线的命令。

7 月 15 日，中共中央向国民党送交《中共中央为公布国共合作宣言》。

在日本不断向华北增兵以及中国共产党倡议国共合作抗战和全国抗日救亡运动不断高涨的形势推动下，1937 年 7 月 17 日，蒋介石在江西庐山发表谈话。他表示：如果战端一开，那就是地无分南北，年无分老幼，无论何人，皆有守土抗战之责任，皆应抱定牺牲一切之决心。

但是，这时的蒋介石还是存有一丝幻想，动摇于和战之间。他一方面开始向华北增兵，另一方面又希望能够以一定的妥协换来对日本的媾和，希望能够把事变限制在所谓“地方事件”的范围之内。所以，7 月 19 日，国民政府向日本进行妥协性的交涉，向日本驻华使馆提议：中日双方停止军事行动，将部队撤回原地，然后经由外交途径来解决问题。然而，这一提议遭到了日本外务省的断然拒绝。7 月 29 日，北平失陷。30 日，天津失陷。

在日本侵略军的步步紧逼下，1937 年 8 月 4 日，蒋介石在日记中写道：“平津既陷，人民荼毒至此，虽欲不战，亦不可得，否则国内必起分崩之祸。与其国内分崩，不如抗倭作战。”

而且，到 8 月 13 日，日本侵略军又把战火进一步扩大到上海。日本侵略者以此为契机，把“华北事变”改称为“中国事变”。

日本侵略军对上海的大举进犯，直接威胁到了国民党统治的核心地区。国民党政府这才感到非抗日无以图存，非合作又无以抗日，迫切需要红军开往华北增援。所以，8 月 14 日，国民政府外交部随即发表声明，表示：中国为日本无止境侵略所逼迫，兹已不得不实行自卫，抵抗暴力。同时，国共谈判很快也取得了突破性进展。

为了尽快调动中国工农红军赶赴抗战前线，7 月 17 日，中共中央派周恩来、秦邦宪、林伯渠等人组成中共代表团，在庐山与国民党代表蒋介石、张冲、邵力子等人就国共合作抗日举行了谈判。在国共谈判中，蒋介石也开始表现出比较多的团结合作抗日的愿望。

这样，经过双方共同努力，8 月 22 日，国民政府军事委员会正式发布了中国工农红军改编命令。25 日，中共中央革命军事委员会发布命令，宣布：红军改名为国民革命军第八路军（简称八路军），红军前敌总指挥部改为第八路军总指挥部，以朱德为总指挥，彭德怀为副总指挥，叶剑英为参谋长，左权为副参谋长，任弼时为政治部主任，邓小平为政治部副主任。

八路军标识

第八路军下辖三个陆军师：

第 115 师，以原中国工农红军第一方面军第一军团和第十五军团及陕南红军第 74 师等部组成，全师 15500 人，师长林彪，副师长聂荣臻，参谋长周昆，政训处主任罗荣桓，副主任肖华，下辖第 343 旅（旅长陈光、副旅长周建屏）、第 344 旅（旅长徐海东）、独立团和数个直属营。

第 120 师，以原中国工农红军第二方面军和陕北红军第 27 军、第 28 军，独立第 1、第 2 师，赤水警卫营和总部特务团一部组成，全师 14000 人，师长贺龙，副师长萧克，参谋长周士第，政训处主任关向应，副主任甘泗淇，下辖第 358 旅（旅长张宗逊、副旅长李井泉）、第 359 旅（旅长陈伯钧、副旅长王震）、教导团和数个直属营。

第 129 师，以原中国工农红军第四方面军的第 4、31 军及陕北红军第 29、30 军、独立第 1 至第 4 团和第 15 军团骑兵团等部编成，全师 13000 人，师长刘伯承，副师长徐向前，参谋长倪志亮，政训处主任张浩，副主任宋任穷，下辖第 385 旅（旅长王宏坤、副旅长王维舟）、第 386 旅（旅长陈赓、副旅长陈再道）、教导团和数个直属营。

9月11日，国民政府军事委员会发布全国统一战斗序列。第八路军番号改为第十八集团军，归第二战区，总指挥部改称总司令部，总指挥、副总指挥改称为总司令、副总司令，朱德任第二战区副司令长官兼第十八集团军总司令。但是，人们仍然习惯地将十八集团军称之为八路军。

华北方面，日军以平津为出发地，兵分三路：一路沿平汉路南犯，抢占河北，进窥河南；一路沿津浦路南下，进犯山东；一路则沿平绥铁路西犯，企图迅速夺取晋、察、绥，并把战略进攻的重点指向了山西，把夺取山西作为实现攻取华北的首要战略目标。

山西，因为位于太行山之西而得名。作为中华民族的发祥地之一，山西素有“表里河山”的美誉。该省位于黄土高原东部，四面环山，形同屋脊。东面是恒山、五台山和太行山的天然屏障，西有吕梁山，北面山地沿长城有雁门关等重要关口，西面和南面更有黄河天险，所以地势雄固，易守难攻，历来是华北的天然堡垒和非常重要的战略要地。对于日军来说，侵吞了山西，向北可以进出察哈尔、绥远两省，东进可以控制河北省，南下可以进入中原。对于中国来说，淞沪会战失利后，即将在山西开展的阻击战也就变得更为重要。因为中国军队固守山西，则可以居高临下，从战略态势上进能使河北省境内的日军感到腹背受敌的严重威胁，并且牵制其进一步沿平汉铁路南侵，退可以稳固西北、西南大后方，确保战略反攻的顺利进行。

日军认为，只有攻取山西，占领华北制高点，才能在华北平原和中原地区上与中国军队展开战斗，赢得速战速决的胜利。所以，这一时期，日本侵略者是把国民党军作为主要作战对象。但是，由于敌强我弱，再加上国民党实行片面抗战路线和单纯防御方针，正面战场的战局非常不利，节节败退，根本无法低挡日军的大举进犯。

8月上旬，日本关东军一部开始从北平、天津地区出发沿平绥铁路向西北进犯。要占领华北,非攻占山西不可。所以日本侵略军叫嚣要“一个月拿下山西全省，三个月灭亡全中国”，狂妄之极，攻势也十分凌厉。

平绥线是连接华北和西北的大动脉，张家口是连接华北和西北的重镇。所以，平绥线是阻止日军进入山西的重要屏障。

8月8日，日军先头部队对德胜口发动进攻，南口战役打响。13日，日军攻占南口。27日，张家口被日军攻占。张家口的失守，使平绥线东段很快被日军全部占领，日军随后占领了察哈尔全境，山西门户洞开。

9月5日，日军开始沿平绥铁路继续西进，直扑晋北，企图迅速夺取山西省。

9月9日，日军进占阳高县城，这是山西第一个沦陷的县城。

9月12日，天镇县城失守，大同门户洞开。

9月13日，日军在几乎没有遭到抵抗的情况下占领大同。

9月24日，日军攻占绥东重镇集宁。

这样，从9月5日到24日仅仅20天的时间里，日军就占领了阳高、天镇、大同、集宁等城市和大片地区，控制了平绥铁路的大部。

大同失守后，日军开始沿同蒲铁路南下进攻，兵锋直指晋北，并将恒山山脉当作侵吞冀、察、晋三省的“战略中枢”来夺取，造成了向太原纵深进击的态势。

与此同时，日军一部在占领察哈尔省军事重镇阳原、蔚县之后，突破晋察省界，向山西省东北的重镇广灵发动进攻。

9月14日，日军攻占广灵县城。

八路军在古长城战斗

随后，日军立即分兵向灵丘、浑源进击。虽然山西国民党军队顽强抗击，但是浑源很快于9月16日被日军攻占。18日，山阴、左云县城陷于敌手。20日，日军攻占灵丘、右玉、应县县城。

这时，国民党守军东西腹背受敌，难以持久，纷纷被迫开始向南面平型关一带转移。23日，日军主力向平型关发起攻击。这时候，奉命由陕西来增援灵丘国民党军的八路军第115师，借助有利地形，于9月25日在平型关取得了伏击日军的重大胜利。

但是，9月28日，日军很快攻占了茹越口，威胁平型关侧背，国民党军队被迫退守繁峙以西的铁角岭。日军又跟踪而来。经过血战，铁角岭失守，繁峙也于29日夜失陷。平型关国民党守军后路被断，情况十分危急。

为了免遭包围，国民党军队被迫放弃平型关，向五台山的代县、雁门关至阳方口之线撤退转移。日军在占领茹越口、铁角岭、平型关之后，会师于繁峙，于9月30日联合攻占了代县。

与此同时，进攻绥远的日军察哈尔派遣兵团另一部则于9月28日攻占朔县，30日越过阳方口，向晋北交通要点宁武进攻。

10月2日，雁门关失守，宁武县城沦陷。至此，国民党军队内长城防线又被突破。蒋介石和阎锡山关于“晋北固守”的作战方针陷入困局。

面对日本侵略军的大举进犯，以阎锡山为代表的国民党山西军政当局不是没有抗战意愿，不少军队在一些地区还是采取了相当顽强的抵抗。但是，国民党在山西苦心经营多年的防线为什么会被日军很快突破？正面战场的作战为什么一再失利，节节败退呢？客观地说，敌强我弱，日军不仅战前有着较为充分的准备，而且有机械化装备，武器精良，训练有素；而中国军队武器装备、训练落后，通讯联络不良甚至失灵，作战部署和军队行动也很容易被敌军探获，这些不利因素是造成国民党军队作战失败的一个重要原因。但是，国民党军队在正面战场也有着致命的战略和战术上的弱点。那就是完全依赖和借重正规战和阵地防御战。具体表现就是战前准备不足，在敌军部署完毕之后仓促应战，只知固守、阻击，被动挨打，战后失利，又慌忙撤守、后退。在前面提到的战役、战斗中，没有能够充分利用有利的地形或者有利战机，主动展开攻势，进行突击，以先机制敌。

与此相对照的是，中共中央领导下的八路军和新四军由于采取了符合自身实际的正确的战略和战术，取得了不小的胜利，也积累了宝贵经验。

早在卢沟桥事变爆发后不久，中共中央就开始酝酿和思考红军的作战方针和战略转变问题。

1937 年 8 月 1 日，张闻天、毛泽东致电周恩来等人，指出：关于未来红军的作战原则，是“在整个战略方针下执行独立自主的分散作战的游击战争，而不是阵地战，也不是集中作战，因此不能在战役战术上受束缚。只有如此才能发挥红军的特长，给日寇相当打击”。

1937 年 8 月 6 日，蒋介石在南京召开国防会议，中国工农红军将领周恩来、朱德、叶剑英等人参加了会议。在会上，周恩来代表中国共产党和红军提出了攻势防御的建议。

8 月 22 日到 25 日，中共中央在陕北洛川冯家村召开政治局扩大会议。会议分析了全国抗战开始以后的新形势和战争的持久性，指出争取抗战胜利的关键是实行中国共产党的全面抗战路线，反对国民党的片面抗战路线。

红军主力完成改编后，为挽救当时华北危局，停止敌人进逼，稳定山西战线的目的，即誓师出征，迅速赶赴抗日前线，参与战斗。1937 年 8 月 22 日至 9 月 30 日，八路军各师分别在驻地召开了隆重的誓师大会，举行了庄严宣誓，之后就挺进山西抗日前线。

八路军出师抗日的誓词是："日本帝国主义，是中华民族的死敌，它要亡我国家，灭我种族，杀害我父母兄弟，奸淫我母妻姊妹，烧我们的庄稼房屋，毁我们的耕具牲口。为了民族，为了国家，为了同胞，为了子孙，我们只有抗战到底！为了抗日救国，我们已经奋斗了六年，现在，民族统一战线成功，我们改名为国民革命军，上前线去杀敌。我们拥护国民政府及蒋委员长领导全国抗日，服从军事委员会统一指挥，严守纪律，勇敢作战，不把日本强盗赶出中国，不把汉奸完全肃清，誓不回家。我们是工农出身，不侵犯群众一针一线，替民众谋利益，对革命要忠实，如果违犯民族利益，愿受革命的制裁、同志的指责，谨此宣誓。"

8 月 22 日和 25 日，第 115 师作为八路军出师抗日先遣部队，将第 343 旅和第 344 旅分为两个梯队，先后由陕西省三原镇出发，31 日经陕西省韩城县芝川镇乘木船东渡黄河，进入山西。

9月3日、30日，第120师、第129师先后由陕西省富平县庄里镇出征，9月6日，八路军总部由陕西省泾阳县云阳镇出发，也相继进入山西。

正当八路军日夜兼程奔赴抗日前线之际，沿平绥线西进的日军于9月13日占领大同之后，以一部继续向绥远进攻，主力则沿同蒲路大举南下。与此同时，日本华北方面军第5师也由平绥路东段宣化南下晋察冀交界地区。9月中旬，日本华北方面军7个师也开始沿平汉、津浦两路南犯，突破中国第一战区保定——沧县防线后，继续向石门（今石家庄市）——德县（今德州市）一线进攻，力图形成对山西中国守军的包抄围剿。

八路军副参谋长左权后来在《坚持华北抗战两年中之八路军》一文中指出：回忆八路军由红军改编，奉命开入山西，加入第二战区战斗序列，正是敌人气焰最高涨的时候。那时平津要镇已经失陷，平绥线敌人攻破了南口、张家口等要隘，占领我归绥，大同等重要城市，正挟其锐利之现代武器，向晋北屏障——雁门关及东西长城各口，汹涌进攻，企图乘势冲破长城各险口，一鼓而下太原；同时津浦线、平汉线上之敌人，亦正笔直向保定、德州进击，期与平绥敌相互呼应，齐头南进，而国民党抗战部队则因种种原因节节退守，一时战局甚为混乱，企图苟安一时，避免作战者甚不乏人。

红军在云阳镇进行改编誓师大会

八路军必须配合国民党友军作战，这是毫无异议的。但是，如何在作战形势极为不利于我方的情况下，实事求是，扬长避短，有所作为，如何科学部署自己的力量，发挥能够发挥的最大作用，就显得十分重要，需要科学的准确定位。

中共中央和中央军委研究了复杂而严峻的形势，认为以八路军的有限力量，实际上难以在正面战场和正规战中起到决定作用，只能发挥相当有效的钳制作用。所以，配合和援助国民党友军作战的最好办法，是充分发挥自身善于游击战争的特长，在敌人的侧翼和后方进行游击战争，而不是扬短避长，去打硬仗，去和敌军硬拼。

为此，中共中央和中央军委明确了主力红军要尽快开赴抗战前线同国民党军队协同作战的方针，并且积极和蒋介石以及第二战区司令长官阎锡山进行磋商。

9 月 6 日，周恩来、彭德怀等人会晤阎锡山，强调八路军基本的作战原则是独立自主的游击战。双方确定八路军在对日作战中充任战略游击支队，其战略任务是：一方面配合国民党正面战场作战，担负战略支援任务。也就是在一定地区内协助国民党正面友军作战，执行侧面的游击战，从侧面扰乱、钳制和阻击进犯的日军，以打击日军的锐气并且掩护友军撤退；另一方面寻找机会深入敌人占领区，威胁敌人后方，广泛开展抗日游击战争。

9 月 18 日，彭德怀就此致电中共中央和中央军委，提出要使敌虽深入山西，还处在我们游击战争的四面包围中。

毛泽东更是于 9 月 25 日指出：整个华北工作，应以游击战争为唯一方向。华北正规战如失败，我们不负责任。但游击战争如失败，我

八路军向日军发起攻击

们需负严重的责任。

中共中央北方局在刘少奇的领导下，确定华北工作以游击战争为中心任务，指出广大的游击战争是华北民众抗日最有效的方式。

根据原来的商定，八路军出动的三个师的部队要全部集中在晋东北恒山地区配合国民党友军保卫山西。但是，当八路军日夜兼程向恒山地区挺进之时，日军已经突破国民党军队的防线，并且对该地区形成了迂回包围的态势。

在这种情况下，如果八路军还是按照原定计划集中到这一地区的话，必然会使自己主动进入到日军的大迂回包围圈之中，也就必然会陷于完全被动的地位。

为此，中共中央和中央军委及时地改变了原来的作战部署。中共中央和中央军委决定把八路军三个师的部队部署在敌人的侧翼和后方，钳制日军进攻太原和继续南下，尽量援助晋绥军使他们不致过于损失力量。毛泽东还特别指出：八路军此时是支队性质，不起决战的决定作用，但如果部署得当，能在华北，主要在山西，起支持游击战争的决定作用。

9月21日凌晨，八路军总部到达太原，并且根据中共中央和中央军委的指示，命令八路军第115师、120师、129师陆续开赴山西的抗战前线。此后不久，八路军各部即在山西战场上取得了一个又一个胜利。

在正确的战略方针指导下，9月25、26日，八路军第115师一部在平型关，取得了平型关大捷，歼灭日军1000余人，击毁日军汽车

100余辆，马车200余架，缴获了大量枪支弹药和其他军需品，赢得了与日军作战的第一个回合，打破日军不可战胜的神话，极大鼓舞了中国人民抗日的热情和斗志。

但是，一场战役的胜利并不足以扭转整个战场的不利局势。情况很快发生了不利于中国守军的重大改变。

日军在平型关遭受重大损失后，很快调整了原有的作战部署。日军东条纵队乘平型关鏖战之机，于9月28日一举突破恒山、雁门关的接合部茹越口，国民党杨澄源的第34军被迫退入繁峙。29日，日军占领繁峙城，严重威胁国民党主战场侧后。

为了避免被日军包围，9月30日深夜，阎锡山召集前线将领会议，决定全线撤退。10月2日夜，平型关守军全线开始主动撤退，平型关战役结束。

后撤的国民党军队转移至五台山代县、雁门关、阳方口一线进行防御。很快，雁门关、阳方口也都落入日军之手，内长城一线的防御宣告失败。此时已是10月上旬，仅用了不到一个月时间，日军就突破了晋北长城各口这条国民党军队精心经营的防线。随后，日军即兵分三路南下进犯，意图迅速占领山西省城太原。

二 国共携手战忻口
敌机猖狂来轰炸

在山西战场，1937 年 10 月初，日军突破内长城防线后，开始大规模沿同蒲线南下，剑指太原。

1937 年 10 月 1 日，日军参谋本部下达了攻占山西太原的作战命令。华北日军主力板垣第五师团及关东军察哈尔派遣兵团第一、第二、第十五混成旅团与特种部队等共三万余人，沿代县至原平公路发起进攻。

10 月 2 日，日军以正面进攻结合迂回，在猛烈的炮火、坦克和飞机支援下大举进攻崞县。国民党守军在完成守城七天的任务后于 8 日撤守崞县。崞县保卫战十分惨烈，阵地争夺激烈，几次易手，基本上完成了“坚守崞县，以时间换空间”的任务。

9 日，日军继续南犯原平，国民党第 196 旅全体官兵与入城之敌血战三天。旅长姜玉贞率官兵与敌人战斗到底，最终全部殉国。日军于 11 日占领原平后，直逼太原北大门——忻口。

与此同时，为了配合攻占太原的作战行动，10 月 10 日，日军攻取了河北石门（今石家庄市）。日军攻占石门后，接着沿正太铁路西进转

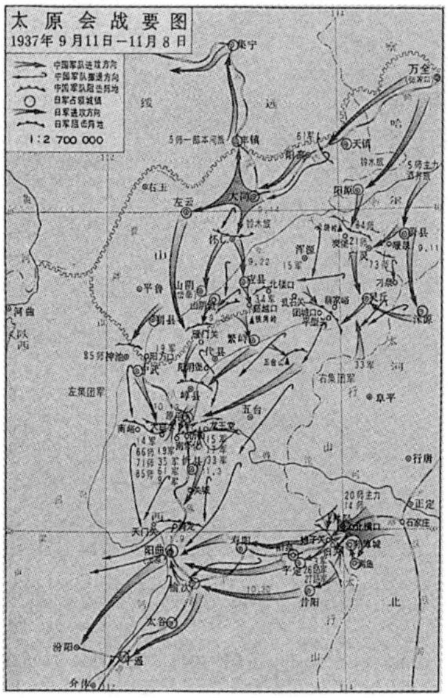

忻口、太原会战形势图

攻山西娘子关。

国民政府最高军事当局最为担心的就是日军占领华北后，沿平汉线南下进攻武汉。为了确保山西这条华北抗战的生命线，挽救山西战局危机，保卫太原，第二战区司令长官阎锡山决定重点在晋北要隘——忻口地区组织防御，另以一部兵力在晋东的娘子关地区占领阵地，阻击日军进攻。

忻口镇位于太原以北九十公里，居忻县、崞县、定襄三县交界处。该镇东依五台山、西临云中山，滹沱河水从两山穿流而过，同蒲铁路和一条公路沿河岸纵贯南北，地势险要，是晋北通向太原的门户，也是守卫太原的最后一道重要防线，自古以来就是兵家必争的战略要地。从 1935 年起，阎锡山就开始在此修建工事。

10 月 5 日，阎锡山在太原召集黄绍竑、卫立煌、傅作义商讨忻口战役的作战部署问题，周恩来应邀出席会议。

周恩来特别联系山西战场的实际，详细分析了华北抗战的敌我形势。他深切地说："要认真总结抗战以来的经验教训，注意依靠广大人民群众，讲究战略战术，努力改变当前不利的战争局面。要教育官兵，不要总以为中国军队的武器不及日本，就有畏敌、怯敌情绪。八路军在平型关打仗武器并不比友军好，不是也狠狠教训了一下日本人嘛！所以说，战争胜负的主要因素，应该是人，而不是武器……"

讲到这里，周恩来特别强调："一定要注意发动和团结当地的民众，争取他们的支持和帮助。没有人民的支援，前线就不能打胜仗。当前挽救民族危机的唯一道路，就是要实行孙中山先生倡导的'唤起民众'这四个字！"

在会上，阎锡山按照南京方面的意图，提出把八路军129师调到忻口正面战场打阵地战。

周恩来根据实际提出了不同意见。他指出："八路军在阵地上决战，不是主力。他自有拿手的一套，那就是打游击战。现在敌人攻向太原，正面用兵挡他一下是必要的。但把所有兵力都放到正面阵地上，跟敌人优势的飞机大炮拼命，不一定是好办法。把劣势装备的八路军放到阵地上，更不能发挥他的长处；叫他去迂回敌人的侧后方，寻找有利时机，打击敌人，对正面作战的部队也是重要的配合。"

就整个作战方针来说，周恩来认为也应该采取迂回包围的战法，主动打击敌人。他指出，即使是正面部队，也不要单纯地消极防御，而是在防御中采取积极地"反突击"，打主动仗，这样打，可以避敌之长——优势的武器装备，攻敌人之短——不得民心。

根据日军兵分三路南犯的进攻态势，经商定，中国军队把忻口作战部署划分为左、中、右三个地区，并将主力用于中路的正面防御。中路是第十四集团军及配属部队共8个军的中央集团军，由国民党第二战区副总司令、第十四集团军总司令卫立煌指挥，在蔡家岗、灵山、界河铺、南怀化、大白水至1482高地之线占领阵地，另一部在中解村、阳明堡、虎头山、黑峪村之线占领阵地，负责忻口正面组织防御；第十八集团军（即八路军）第115、第129师及第101、第73师、新编第

2师为右翼军，归朱德、彭德怀指挥，在滹沱河南岸罗圈沟、峨口占领阵地，并以一部挺近敌后，威胁日军左翼；以第68、第71、第120师，独立第7旅，炮兵3个营为左翼军，归杨爱源总司令指挥，在黑峪村迄阳方口之线占领阵地；以第34、第35、第61军，第66师，独立第1、第3旅为总预备队，归第七集团军总司令傅作义指挥，控制定襄、忻县一带，策应各方。

为贯彻、落实中共中央和中央军委关于用游击战配合国民党友军的作战方针，10月中下旬，周恩来、彭德怀到忻口前线指挥部会见卫立煌。

周恩来向卫立煌表示：不赞成把所有兵力都放在正面打阵地战，更不赞成把129师调到中路的正面打阵地战，使他们不能发挥自己的长处，而主张让他们迂回到日军后方，寻找有利的条件打击敌人。卫立煌同意了。这样，第二战区给八路军分配的作战任务就是“对增援之敌，负责阻击，对退却之敌，相机歼灭”。也就是在日军的侧翼与后方打击与钳制日军，配合正面战场国民党军队的阵地防御，以阻滞日军向太原的进攻。

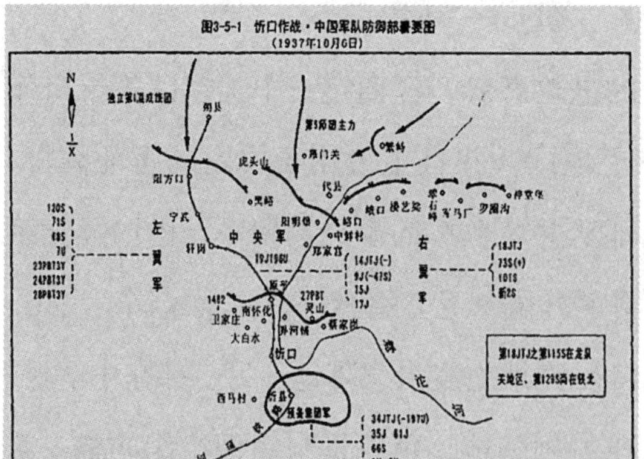

忻口、太原会战形势图（二）

10月12日，中国军队布置完毕。13日，日军约7万余人开始猛攻忻口。中国军队集中了31个师、13个旅，28万多的兵力，顽强御敌。从13日激战到21日，中国守军把日军阻止在忻口以北。

国民党军队在忻口正面阻击日军的同时，八路军总部从10月上旬开始，连续发出十几封电报，指挥所属部队有条不紊地开展“截断敌人后方交通，打击来援之敌”作战，积极配合国民党正面守军作战。

八路军总部下达命令：本军应积极准备在此决战中取得决定的胜利，除在敌后方各支队破坏敌后方交通外，其余各部即应迅速做帮助工作。

八路军总部还致电国民政府军事委员会军令部长徐永昌，明确八路军将担负如下任务：“断绝日寇在晋北之交通，袭击敌人来往车辆、人马、辎重，并袭夺敌人之飞机场、粮食站、交通站等，以配合友军在忻口进行决战。”

按照这一任务，八路军总部命令第129师一部在忻口战场侧击日军，令其主力“向娘子关东南及以南之敌侧后挺进，积极寻机歼敌”。

忻口会战是抗战初期华北战场上规模最大、战斗最激烈、持续时间最长、战果最显著的会战之一，也是国共两党合作配合较好、取得较好成果的一次会战。

在忻口会战中，朱德率领的第十八集团军（前身即八路军）组成右集团军，侧击敌人，有力地配合了忻口正面战场。八路军的第115师、第120师、第129师在此阶段都取得了胜利的战果，为中外所瞩目。

正是由于八路军各参战部队积极主动作战，使得进攻忻口的日军与大同、张家口的交通中断，物资和兵员都难以补充，陷入了孤立无援的困境。所以，第二战区司令长官阎锡山称赞说：“朱德、彭德怀便率部断敌后济，阻绝交通，当时全部敌人已有被我完全围歼可能。”

前线总指挥卫立煌在忻口会战结束后，也曾对周恩来说：“八路

左权将军塑像

军把敌人几条后路都截断了，对我们忻口正面作战的军队帮了大忙。”他盛赞八路军是“复兴民族的最精锐部队”，给忻口战役以有力的支持。

左权后来撰文回顾忻口战役时，指出：在整个忻口战役中，一方面八路军以主力分布于进攻敌之两翼及侧后，以最积极的动作袭击敌人的远近后方，破坏敌人的交通运输，截断敌人的接济与增援，同时又以一部直接协同友军作战。在28天战斗过程中，我们把代县、平型关、灵丘、广灵、蔚县至张家口的交通要道完全破坏，打击、消灭以及最后彻底肃清该交通线上的敌人，收复了繁峙、平型关、灵丘、广灵、浑源、蔚县、西合营、阳原、涞源、紫荆关等处，完全截断了敌人的这一交通联络线。在平汉线方向活动的部队，又收复了曲阳、唐县、平山、完县、行唐、满城，进逼保定附近。在雁北活动的部队则又不断截击雁门关及其通向大同的大道，收复宁武、阳方口、平鲁、井坪，亦截断了敌人的联络，使忻口战场之敌，完全处于孤军深入，孤立无援与完全被包围的状态中。敌人的粮食弹药断绝了，机械化部队因缺乏汽油不能行动了，最后被迫不得不以飞机来输送给养，其困难亦可想而知。

朱德、任弼时也撰文称赞忻口战役是国共合作中八路军与国民党军“联合作战的范例”。

三 | 陈锡联侦查敌情
下决断周密部署

1937 年 10 月上旬，在师长刘伯承的率领下，第 129 师（欠第 385 旅主力）由陕西富平县庄里镇地区出发东渡黄河，赶赴作战前线。

129 师先头部队第 385 旅第 769 团于 10 月 7 日从陕西韩城县的芝川镇渡过黄河，进抵山西省的侯马镇，准备乘火车北上。

第 769 团是第 129 师的一支劲旅，是由中国工农红军第 4 军第 10 师改编而来。再往前来说，其前身是红军 28 团（发展为 769 团的 1 营和 2 营）和红军 32 团（发展为 769 团的 3 营）。

1927 年 11 月 18 日，参加黄麻起义的农民自卫军合编为工农红军鄂东军。1928 年 1 月，鄂东军改编为红军第 7 军，下辖 4 个队，7 月，第 7 军第 1 队改编为红 11 军 31 师 1 大队，1930 年又改编为红 1 军 1 师 1 团。1931 年红 1 军和红 15 军于商城长竹园合编为红 4 军，红 1 军 1 团改为红 4 军 28 团。

1930 年春，曾经参加 1927 年 10 月 14 日星子起义和 1929 年 10 月 30 日港口起义的两支部队合编为红军第 8 军 5 纵队。10 月 5 日，纵队进一步改编为红15军第3团。1931年，红15军3团改为红4军32团。

1933年，根据指示，第10师扩编为红4军，红28团扩编为10师，下辖28团(以老28团为基础)、29团、30团；红32团扩编为12师，下辖34团(以老10师特务营为基础)、35团、36团(以老32团为基础)。

抗战爆发后，1937年8月，红10师改编为八路军129师385旅769团，归129师直接指挥。

9月30日，129师师长刘伯承率领第769团与师前方指挥所组成先遣队，从陕西富平庄里镇出发，日夜兼程，向山西挺进。

769团团长陈锡联，副团长汪乃贵，参谋长范朝利，政治处主任丁先国，政治处副主任张南生。全团计2900人，都是红军精英，是129师的先锋。

陈锡联，湖北省黄安（今红安）县人，1915年1月4日出生于黄安高桥区陡山彭家村一个贫苦的农民家庭。

769团团长陈锡联

在陈锡联3岁时，他的父亲就因病去世，是他母亲含辛茹苦把他带大。

8岁时，为了糊口度日，陈锡联被送到一个地主家放牛，受尽了这个为富不仁的地主的欺凌。

1928年4月的一天，再也不堪忍受地主压迫的陈锡联摸黑赶到了4里路以外的肖家寺，找到了驻扎在这里的黄陂县游击大队大队长詹才芳，坚决要求参加革命队伍。

“你为什么一定要当红军？”詹才芳摸着陈锡联的头问道。

“为什么？”陈锡联一边让詹才芳看了自己身上处处可见的伤痕，一边向他哭诉道，“我八岁就给富人放牛，放了六年牛，挨了六年打，我再不愿过这种日子了。听说你们是专门打富人、帮穷人的队伍，我坚决要求参加你们的队伍。”

看着陈锡联遍体的伤，听着陈锡联的哭诉，詹才芳沉默了好久，才缓缓地说到：“好孩子，你是一条汉子，我也想留下你。但是，你实在是太小了。你先回去，明年我们一定来接你。”

几天后，詹才芳率领游击队来到黄安，把陈锡联送回了家中。

1929 年 4 月，在家等待了一年的陈锡联想起了詹才芳曾经答应过他的话。有一天，他趁着出外干农活的机会，先偷偷地躲了起来。

天黑后，没有见到陈锡联回家的母亲打着火把，到处呼喊寻找陈锡联。伏在门前山顶上的陈锡联看着焦急的母亲，满眼噙着泪水，最终还是一抹眼泪，向县北的七里坪跑去，终于参加了（黄）陂（黄）安游击队，投身革命。同年秋天，游击队编入中国工农红军第 11 军。

1930 年，陈锡联加入共青团，同年加入中国共产党。

1931 年，陈锡联担任红四方面军连政治指导员。

1933 年起，陈锡联历任红 30 军第 88 师第 263 团营政治委员、团政治委员，红 4 军第 10 师副师长、师长和第 11 师政治委员等职，参加了鄂豫皖、川陕革命根据地反围剿斗争和长征。

陈锡联作战英勇，冲锋在前，很快崭露头角，人称“小钢炮”。李先念称赞他“打仗数第一”。

陈锡联出身贫寒，识字不多，但是非常好学。在紧张的战斗生活和艰苦的斗争环境中，陈锡联利用一切机会向周围的领导和战友们请教、自学，用石子、瓦块、小木棍在地上习字，很快就能够读书、看文件和报纸。他总是把笔记本装在身上，随时记下学习心得、作战经验和国内外大事。

1937 年 8 月，红军被改编为八路军和新四军，因编制限制，不得不降级使用。22 岁的红军师长陈锡联被改任为第 129 师第 385 旅第 769 团团长。

汪乃贵，安徽省金寨县南溪镇人，1905 年出生于丁家埠一个贫苦农民家庭。

11 岁时，汪乃贵迫于生计，给富户放牛。19 岁时，又到外地当窑工。他辛辛苦苦干了一年，好不容易才积存下 10 块银元。但是，在他回家过年的路上，一群国民党兵痞把这 10 块银元全部抢了去。回到家里，家中惟一的一头猪又被狠心的债主强行拉走低债。大年三十，家里已是无钱无粮。饥寒交迫的他只能和三哥、姐姐一起外出讨饭。

1926 年，汪乃贵毅然加入了农民协会，担任乡赤卫队中队长。1928 年，又积极加入了中国共产党。

1929 年 5 月 6 日（立夏节），汪乃贵带领群众参加了商南武装起义。5 月 9 日，起义武装宣布成立中国工农红军第 32 师，汪乃贵被分配在红 32 师 97 团当战士。后历任红 25 军 73 师 219 团连长、副营长、营长，红 4 军 10 师 28 团副团长、团长等职。

1932 年，红军围攻麻城。某日深夜，当时担任红 25 军 73 师 219 团 2 营 6 连连长的汪乃贵率领一个排从阴沟潜入城内，袭扰敌人。敌人慌成一团。天亮，汪乃贵又率部从原路撤退回来，毫发无损，还傻哈哈地笑着。徐向前笑着说：真是个傻子连长！

汪乃贵少将

汪乃贵先后在红四方面军担任过 3 个师的师长。1933 年，任红四方面军主力红 4 军 10 师的师长，后来改任红 30 军 90 师师长。1934 年 11 月中旬，汪乃贵又调任红 30 军 89 师师长。

汪乃贵在红 30 军 90 师任师长时，受命攻打鼎山场。汪乃贵叫侦察连抓了几个“舌头”，了解到敌人的旅部设在镇子中央，防御重点在正面的通道，东西两面的悬崖防守较松，敌军害怕我军夜战，晚上 12 点以前防守严密，下半夜不少官兵要抽大烟。根据这一情况，汪乃贵决定在夜间从两侧悬崖攀登上去，突袭敌军。

半夜一时，汪乃贵指挥部队正面佯攻，命令两个营从两侧悬崖攀登上去，其中一个营插到敌人旅部，活捉了敌旅长，部队只用了十几分钟就攻上了山顶。这一仗抓的俘虏，用两个营都看不过来，只好放了。缴获的武器，要靠老百姓去扛，光枪支就堆了十几间房子。

汪乃贵先后参加了鄂豫皖、川陕苏区反“围剿”斗争。

1935 年 3 月，汪乃贵参加长征，屡立战功。6 月中旬，红四方面军与中央红军在懋功胜利会师。过草地时，汪乃贵率领 89 师作为先遣师，不畏艰辛，为主力部队侦查路线，并且筹集了大批粮食和牛、羊等物资。

1936 年 6 月起，汪乃贵先后入抗日红军大学和抗日军政大学学习。

红军改编为八路军后，汪乃贵任 129 师 385 旅 769 团副团长。

范朝利，河南省光山县郭家河乡大刘湾村（今属新县）人。1914年3月11日出生于一个贫苦农民家庭。8岁入私塾，11岁辍学在家帮父母种田。13岁因生活所迫到邻村油坊当学徒，备受欺压。

1929年8月，范朝利参加工农赤卫军。1930年春，参加中国工农红军，同年加入中国共产党。

范朝利中将

土地革命战争时期，范朝利曾任红11军31师战士，红1军第1师班长，红4军第10师28团排长、副连长、连政治指导员，第11师31团营政治委员、团政治处主任，第10师29团政治委员，第11师33团副团长、师司令部参谋主任、参谋长。他参加了鄂豫皖革命根据地的创建、反“围剿”作战和开辟川陕革命根据地的斗争。

1935年，范朝利参加长征。1937年9月红军改编为八路军后任769团参谋长。

丁先国，湖北省麻城县（今麻城市）乘马岗镇丁家畈村人。1909年8月出生于一个贫苦家庭。

1927年8月，丁先国参加本村赤卫队，1927年11月13日参加黄麻起义，1929年11月参加中国工农红军，1930年8月加入中国共产党。

土地革命战争时期，丁先国先后任鄂豫皖红4军12师36团重机枪连排长、副连长、政治指导员，红9军特务团政治处主任、红9军27师81团政治处主任、红9军27师政治部主任，红四方面军指挥部四局科长兼政治委员，红4军政治部组织部部长、红4军10师政治部主任。

丁先国少将

红军改编为八路军后，丁先国任八路军第129师385旅769团政治处主任。

张南生，原名张履勋，福建省连城县新泉乡北村人。1905年8月24日生于一个贫苦农民家庭。张南生6岁入新泉镇东山楼小学，16岁考入连城旧制中学，毕业后返回家乡替人管帐，帮助父母维持家庭生计。

1929年4月，张南生参加了本村农民协会和自卫队。当年6月，连城县新泉乡在红4军开辟闽西苏区的斗争中成立了苏维埃政府，张南生被选为乡政府委员。

1930年2月，张南生加入中国共产党，并当选乡党支部书记。同年5月调入闽西红12军，任第2纵队103团3连政治委员。后任红4军第3纵队7支队21大队政治委员、第12师34团3连政治委员。

1931年12月，张南生调入宁都起义组成的红5军团，先后任连政治委员、第13军39师116团政治委员、代理团长和红13师39团政治处主任。

张南生中将

1934年2月，张南生被红5军团选为优秀政工干部代表，参加了在瑞金召开的全军政治工作会议。会后，张南生任红13师37团政治委员、国家保卫局保卫总队政治委员。这一时期，张南生先后参加了文家市、吉安、赣州、漳州、南雄水口等战役战斗和中央苏区历次反

“围剿”。

长征初期，张南生任中央革命军事委员会政治保卫团政治委员。遵义会议后部队整编，撤销保卫团，张南生调回红5军团13师37团任政治处主任。

1935年9月，张南生随军编入红四方面军，后任红31军政治部组织部部长。

全面抗战爆发后，张南生任八路军第129师385旅769团政治处副主任。

1937年10月7日这一天，团参谋长范朝利在侯马镇站台上对各车厢作完检查，正准备登车。刘伯承师长来到了车站。范朝利立即跑上前去向刘伯承汇报登车情况。

“一切都准备好了吗？”刘伯承问。

范朝利肯定地回答：“一切都准备好了。”

刘伯承把目光从那喷着煤烟和水汽随时准备开动的火车身上移开，抬头向天空望了一眼，又问道：“防空问题考虑到了吗？有没有准备？”

“报告师长，我们有准备。营、连都指定了对空观察哨和值班机枪，请首长检查。”

刘伯承从车头到车尾检查了一遍，满意地点点头，然后说：“很好。不过，只有对空观察哨和值班火器还不够，还要有对空战斗方案。遇到敌机轰炸扫射怎么办，被敌人炸中了怎么办，都要考虑到。日本人的飞机很猖狂，欺负我们没有制空权，国民党部队吃过不少亏，你们要警惕，越往北越要提高警惕。好吧，你们走吧。”

在沿同蒲路北上向太原东北方向挺进途中，刘伯承和第769团团部坐在一节车厢里。

陈锡联做战前动员

在途中，刘伯承对陈锡联耳提面命。在后来回忆起这段往事时，陈锡联仍然激动不已："利用这个机会，他向我们精辟地讲解毛主席的战略思想和战术原则，讲述如何坚持独立自主的抗日游击战等一系列问题。刘师长以其丰富的军事实践和高深的理论造诣，给我们上了一堂深刻生动的政治课、军事课，使我获益匪浅，终身难忘。"

此时的陈锡联虽然领导着3000多人的队伍，但他毕竟还是个年轻人，开朗活泼。而刘伯承当时45岁，沉稳持重，时时处处有长者风范，对年轻干部尤为关爱。在谈话中，刘伯承常常为陈锡联等纵论战局：国民党部队在晋北集中了那么多部队，但在日军面前却一退再退。他们只会用正面阻击的办法，怎么能挡住强敌呢？依我看，要保卫太原，也不是不可能的，但要用"扼咽拊背"的办法。

陈锡联问："怎样才能'扼咽拊背'呢？"

刘伯承说："所谓'扼咽'，就是要守住忻口、娘子关两处要冲。所谓'拊背'，就是从侧背后打击敌人。国民党部队在忻口、娘子关担负'扼咽'的任务，是正面防御战，但能不能守住咽喉之地，还很难说，我看是凶多吉少。我们的任务是拊击敌人的侧背，配合正面作战。不管他们是否能扼守住要冲，我们一定要在侧背后狠狠地打击敌人。"

刘伯承就充分利用这个机会，向陈锡联等人讲解了毛泽东等中央领导关于抗日战争的战略思想和战术原则，还向他们传达了平型关战斗总结的经验。

“神机军师”刘伯承

刘伯承说：“虽然国民党仍在执行太原会战的计划，但是看形势，太原是很难保住的了。朱（德）总司令已率115、120师开到忻口战线的右翼，在滹沱河南岸依托五台山组织防御，他已命令我们赶到原平东北投入战斗。”

陈锡联问道：“我们团的具体任务呢？”

刘伯承回答说：“你们团的任务是在原平东北侧击雁门关向忻口进击的敌人，首要任务是破坏敌人的公路，截断敌人的交通。”

刘伯承还进一步指出：“我们师抗日的第一仗就看你的了。第一仗可打小一点，但第一炮一定要打响，出师的首战胜利特别重要。”

刘伯承接着特别交代：“我要到五台山八路军总部去开会，你们团单独行动，你们既要大胆，又要谨慎；要独立自主，抓住战机，果断行事。可以先报告以后再打，也可以打了以后再报告。情况不清楚可以随时发电报来问。”

一路上，刘伯承还手把手教陈锡联等掌握、使用新的作战指挥手段，教大家如何佩带使用防毒面具。针对陈锡联等年轻干部过去打仗不大注意熟悉地形和不会搞沙盘作业的弱点，刘伯承多次教他们搞沙盘作业。有时到站停车，他就在站台边摆上几堆沙子，蹲着给大家讲解，用眼镜盒、茶缸做道具，一次次搞现场演示。演示中，他反复强调说：

千万不要小看沙盘作业，小范围的作战预先用它摆一摆，可以做到心中有数，打起仗来把握就大得多；即使是一般性的训练，结合战例摆一摆也大有好处。

刘伯承对通信联络问题也很重视。刚上火车，他就叫陈锡联派人从车头到车尾拉上电话线，而且是复线。一路上，他经常让陈锡联与车尾保持联络，有时他还亲自摇一摇电话机，听听是否通畅。刘伯承言传身教，陈锡联受益良多：“刘师长重视通信联络的做法给我留下了深刻印象。以后我不论到了哪里，只要条件允许，都要带上电台，及时沟通与有关方面的联系，很少吃亏。”

很快，刘伯承要去五台山开会了，临分手时，他紧紧握住陈锡联的手，再次叮嘱：“你带第七六九团单独行动，要抓住战机，主动歼敌。我们师抗日的第一仗就看你的了。第一仗可以打小一点，但这第一炮一定要打响。”

陈锡联郑重表态：“请师首长放心，我们坚决执行上级指示，发扬我军英勇顽强的战斗精神，抓住战机，打好 129 师抗日第一枪！”

10 月 10 日，第 769 团到达太原。随即，第 769 团调归八路军总部指挥，并且按照命令向太原东北约 100 多公里的五台县地区挺进，伺机袭击南犯的日军。

这样，第 769 团就作为先遣团奉命赶赴代县、阳明堡、崞县之线以东积极活动，开展游击战，从侧面袭扰和打击进犯忻口的敌人。

刘伯承元帅纪念邮票

当第 769 团到达指定地区后，陈锡联等人发现不仅代县和崞县已经被日军占领，而且阳明堡镇也驻有日军。

阳明堡镇是一个有着千年历史的历史文化名镇，位于山西省代县县城以西 9 公里处，是代县的西大门。它南界滹沱河，北与雁门关相邻，西临原平，东连代州古城。

阳明堡的历史可以追溯到春秋时期。据有关史书记载，春秋时期的阳明堡一带经常大旱无雨，禾苗枯死，民不聊生。有一年，晋国大夫羊舌肸（也叫叔向、杨肸）押解一批囚犯路过此地。他看到这个情形，就十分同情当地的老百姓。他下令所押囚犯:如果你们能祈下雨来，就可当场释放。众囚犯听说这句话之后，便马上跪地求雨。烈日炎炎，囚犯们大汗淋漓，甚至还有当场昏厥的。上苍也为之感动，降下了甘霖。老百姓得救了，羊舌肸也就赦免了囚犯罪行，接着又带领人们大力兴修水利，引来羊头神河灌溉，使得当地五谷丰登。百姓们为了感恩和纪念羊舌肸，就把这一地带取名“羊头城”。再后来，这一称谓从“羊”到“扬”再到“阳”，逐渐演变，到宋代筑堡后就正式定名为“阳明堡”。

从宋代开始，阳明堡的军事要塞地位日益突出，成为长城雄关雁门关军事防御体系的一个重要组成部分。雁门关人称“三边冲要无双地，九塞尊崇第一关”，自古以来就是中原王朝防御北方少数民族入侵的重要门户。尤其是宋明以后，又以代州古城为中心，在东西两侧交通线上，五里一堡，修筑起三十九堡十二联城城堡联防工程，和原有

八路军129师纪念碑

的雁门十八隘一起形成了严密的联防体系。而阳明堡就是这三十九堡中的重要一堡,又因为它地处雁门关南口,又被称为“雁门关下第一堡”。

阳明堡位于交通枢纽，地理位置独特，长期以来又是商埠重镇，镇内人口稠密、市井繁华，产生了不少富商巨贾。所以，日军在这里派驻了重兵来把守。

当时，忻口正面中日军队激战正酣，滹沱河一带的战事十分紧张。日本侵略者不仅在地面安排部署了大量兵力，而且凭借其拥有的空中力量，每天都 3 架一群、2 架一组轮番地对忻口、太原进行轰炸，对防守忻口前线的国民党军队和沿线的无辜百姓造成了严重威胁。

由于没有制空权，面对敌机一次又一次猖狂的、肆无忌惮的空中轰炸，武器装备差的官兵们只能眼睁睁地让这些敌机飞走了。

此时的第 769 团在第 115 师平型关大捷（1937 年 9 月 25 日）的鼓舞下，急切盼望能够一显身手，杀敌立功。

10 月 16 日，第 769 团进至代县以南的苏郎口村、刘家庄村一带驻扎的当天，团长陈锡联就收到了八路军总部的电报。

电报指示：第 769 团主力集结于滹沱河东岸相机使用，积极袭扰，以威胁敌之后路，打击敌之来往部队与车辆。

苏郎口村和刘家庄村位于滹沱河东岸，顺河南下便是国民党军队和日军激战的军事重镇忻口。虽然已经是进入敌后区域，第 769 团的官兵们还是能够听见不断从南边传来的隆隆的炮声、在公路上运输的日军汽车声，天空中还不时有日军的飞机尖叫着掠过，机翼上太阳旗的标志格外地刺人眼目。日军飞机接二连三地从第 769 团战士们头上掠过，有的担负空运人员物资的任务，有的负责对忻口前线狂轰滥炸，嚣张至极。第769团战士们气得跺脚大骂："别光在天上逞凶，有种的下来和老子较量较量！"

日军飞机的频繁起落，引起了团长陈锡联的注意；战士们几句随口而出的气话，进一步提醒了陈锡联。

陈锡联经验丰富、机智过人，素来享有"赵子龙"和"小钢炮"的美誉，指挥打仗也一直有着很强的主动性和创造性。日军飞机接二连三地"轰轰"飞过，飞行架次之频、高度之低都是他未曾见过的。望着这些天空中肆意横行的侵略者，陈锡联陷入了沉思：难道附近有敌人的飞机场？日军飞机在天上我们没有办法，到了地面的飞机场，我们不是就有办法消灭它了嘛！

还真让陈锡联猜中了。阳明堡飞机场就在阳明堡镇西南一带。

这个飞机场最早实际上是由统治山西的阎锡山在1935年开始筹建，到1937年9月初建成的。阳明堡机场位于阳明堡镇西南六华里，苏龙口北八华里，滹沱河北两华里，占地面积四百多亩。修建这个飞机场的主要目的是想构成太原与晋北的战略防线，让它成为晋北防线的战略后方基地和空运物资中转站。但是，阎锡山的这个意图没有能够实现。因为，日本侵略军在1937年10月占领了这个飞机场。机场反而成为日军进犯原平、忻口、太原的后方基地和空中中转站。日军为了更大程度地发挥机场的作用，就强迫当地大批老百姓进行了拓展扩建，规模由四百亩扩大到两千多亩，还修筑了导航台、水塔、地洞、探照灯、铁丝网等一系列完整的配套设施。

但是，这一带的老百姓都已经跑光了，没有办法获得详细的情况。

最初，陈锡联打听到附近驻着一个国民党晋绥军的团长。听说他

陈锡联上将

和日军打过仗，是前两天才带着少数部队从大同方向退下来的。陈锡联就决定去访问访问这位团长，一来听一听他们与日军作战的经验，二来也了解一下周围的敌情。

转了好几个村庄，陈锡联等人才好不容易找到了这位团长。当他说明来意后，没想到这位团长似乎还惊慌未定。他谈虎色变似地对陈锡联说：“鬼子实在厉害呀！他们天上有飞机，地上有大炮。他们的炸弹、炮弹就跟长了眼睛一样，专门追着你的屁股打。我们的电台刚一架起，就让它给打飞了。”

“那你们是用什么方法打敌人的呢？”

“我们连鬼子的面都没有见到，队伍就垮下来了。现在敝部只剩下一个连了……”

陈锡联看到这个团长除了能散布一些恐日情绪外，实在也谈不出什么有用的东西来，就起身准备告辞了。

正当陈锡联等人转身要走，没想到这位团长又说：“抗什么战！抗来抗去只不过抗掉了我们的小锅饭而已。老弟，放明白点！看你们那副装备，和日军真干起来，还不是‘白送礼’。”

“怕死鬼！孬种！不是中国人！”陈锡联从心里骂了他一句，再也没有说什么，愤愤地走了。

后来，又遇见国民党军队的一个排长，但是还是不能得到什么有价值的信息。

为了设法掌握尽可能多的敌情，第二天，陈锡联和副团长汪乃贵、参谋长范朝利带领第 2 营营长谭德仁、第 3 营营长赵崇德化装成老百姓去近距离实地侦察，希望找到日军飞机场的位置。

陈锡联等人顺着一条山沟边走边谈，很快来到了滹沱河边，登上了河边的山峰。极目远眺，大家立刻被眼前的景色所吸引：东面是层峦迭嶂的五台山，北面内长城线上矗立着巍峨的雁门关，西面管涔山在雾气笼罩中忽隐忽现……滹沱河两岸，土地肥沃，江山壮美，但只可惜大好河山遭受日寇铁蹄蹂躏！

“飞机！”突然，2 营营长谭德仁叫道。

陈锡联等人不约而同地举起望远镜顺着谭德仁手指的方向望去。果然，在河对岸阳明堡的东南方有一群灰白色的飞机停放在空地上，机体在阳光的映射下闪着耀眼的光芒。机场里准备起飞的飞机正在加机油，装炮弹，刚刚降落的飞机由汽车牵引到停机坪的一角检修，机场里活动的人员并不多，机场周围设有铁丝网并建有简单防御工事。

正当他们试图瞭望到更多情况时，忽然发现有一个人正在趟水过河，向这边跑来。从望远镜里能够看到，这个人蓬头垢面，衣衫褴褛，光着脚丫，神情十分紧张的样子。

等那人走近了一些，陈锡联等人就赶快迎上去喊到：“老乡，从哪里来？”

那人听到叫喊声，马上停下了脚步，两只眼睛不停地向四处观望。等到他看见了陈锡联等人，好半天才哆哆嗦嗦地吐出两个字：“老……总”

“老乡，不要怕，我们是八路军，来打鬼子的。”

听到“八路军”三个字，这个人一下扑过来抓住他们的手，愤怒

战斗中的八路军战士

地说起了他的遭遇。

原来，他是附近的村民，日本侵略者侵入山西后，抢劫、烧杀，弄得他家破人亡。一家三口，现在只剩下他一个人。后来，他又被日军抓去，天天在飞机场当苦力，搬汽油，运炸弹。每天从早累到晚，常常是饿着肚子干活，还得挨打受气。就是因为实在受不了日军的虐待，他才找机会刚刚从飞机场里跑了出来。

老乡告诉陈锡联等人：飞机场在阳明堡镇以南 6 里处，位于下班政、小茹解、泊水、小寨四村之间，里面有不少飞机，白天起飞去忻口、太原轰炸，晚上全部返回。

最后，他指着敌人的飞机场恨恨地说："去收拾他们吧，我给你们带路！"

为了得到更加翔实的敌情，陈锡联又安排副团长汪乃贵带人做进一步的调查。汪乃贵等人在当地群众的帮助下，化装成老百姓混在修飞机场的民工队伍中，到离飞机场很近的地方进行侦察。

他们发现，守卫部队是日军香月师团的一个联队，大部分住在阳明堡镇，机场里只有一小股警卫部队和地勤人员约 200 人，集结在飞机场北端；有 24 架飞机按 3 列集中停放在警卫部队的东南侧；防御工事粗糙，仅有一些简单的工事掩体和隐蔽部。日军虽然对进入机场的各个路口警戒很严，盘查很细，但对机场周围的戒备并不严。

听说发现了敌人的机场，早已对日本侵略者的罪恶行径恨之入骨的第769团的干部战士都来了劲儿，消灭敌人的情绪十分高涨。

这些情报也让陈锡联等指战员心中有了数。

傍晚，陈锡联和营以上干部围着展开的地图，一个个沉默不语。副团长汪乃贵一语打破沉寂："干脆些，端了鬼子的机场！"

这个想法是大家的共识，但以端敌人的机场为目标的战斗在当时我军的历史上还"史无前例"。没有前例当然不是最主要的障碍，主要的是，怎么个端法。陈锡联没有吭声，他紧蹙眉头，露出与年纪不相符、但与老练指挥员相称的深沉。

打还是不打？轻率鲁莽是要赔本的。战场形势瞬息万变，有利战机稍纵即逝。时不我待，面对这样千载难逢的好机会，容不得有一点犹豫。

不打，机不可失，时不再来！打，目前敌情还不够清楚，决不能轻率鲁莽行动。陈锡联多么想请教师长刘伯承，得到指示，但电台始终不通，请示的电报发不出去。怎么办？陈锡联必须当机立断。

129师师长刘伯承

"送到嘴边的肥肉，哪有不吃的道理！"

长期战争的经验告诉他：这样大好的时机和战机必须抓住。

陈锡联想起师长刘伯承的战略指示，终于下定决心，对敌人机场进行偷袭，打它一家伙。

首战必胜，不仅要打，还要

必须打好。捣毁敌人机场，在当时红军和八路军的历史上还没有过，用什么手段、什么战法都是新的课题，都需要现场指挥员临机决断，团长陈锡联认真思考。

1937年10月18日晚，769团召开作战会议，共同分析研究。大家一致认为：日军正忙于夺取忻口，根本没想到我军会绕其背后动作，所以侧后兵力十分有限，警戒也十分疏忽。飞机场内兵力不多，防守多为简易工事，坚固永备工事不多，敌人警戒区域广、范围大，守备比较松懈，如果隐蔽潜入，出其不意实施袭击，取得胜利是完全有把握的。陈锡联露出难得笑容，拍着桌子，下定决心："打！"

陈锡联当即下达作战部署和命令。

第3营为突击队，担负袭击飞机场、炸毁飞机的任务。以快打快收、速战速决的方式夜袭阳明堡机场，利用一切武器、器材，摧毁全部敌机。

第1营向崞县进发，破坏崞县到阳明堡之间的公路和桥梁，袭扰、牵制和阻击崞县可能增援之敌，特别是敌人的装甲车队。

第2营为预备队（欠第7连），与团指挥所置于苏龙口北侧地区，以其第8连布置于王董堡，阻击日军两翼的援军，保障第3营侧后方的安全。

团迫击炮连和机枪连置于滹沱河岸边，随时准备对第3营进行火力支援。

部署完毕后，团长陈锡联又马上来到担任突击任务的第3营，与他们一起研究潜入飞机场和炸毁飞机的具体办法。

"大家准备得怎么样啦？"陈锡联问道。

"放心吧，团长，只要摸进机场，保证把龟儿子的飞机炸个稀巴烂！"

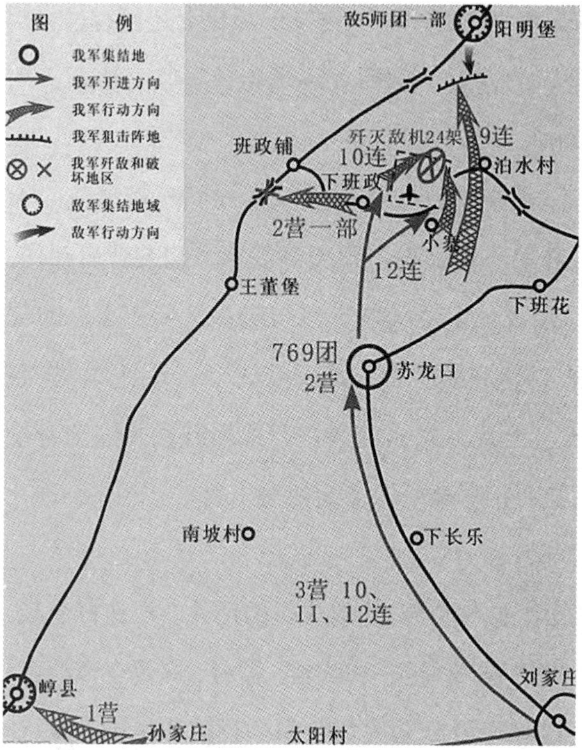

夜袭阳明堡战斗部署图

“飞机全身包着铝皮，子弹穿不透，怎么办？”陈锡联又问道。

陈锡联启发大家动脑筋、想办法，畅所欲言。

有的说，用枪托砸；有的说，把柴禾搬进飞机场用火烧；有的说，用机关枪打。最后决定还是用集束手榴弹最有把握。办法就是把几个手榴弹捆在一起，直接塞进飞机驾驶舱里引爆飞机。

进入飞机场还要先趟水通过滹沱河。陈锡联又和全营排以上干部来到河边实地勘探。

陈锡联指着滹沱河，问领路的老乡河水深浅，能不能直接过河。老乡说：“枯水季节才能过，有的地方能淹死人。”老乡指着西南流向的河床突然向南流去的一段说：“从那里可以过河，要快走，慢了容易陷进去。”

10月的河水已经很冰冷，但是陈锡联不顾警卫人员的劝说，率先脱掉棉衣下了河试水。滹沱河浅的地方淹到脚脖子，深的地方没及膝盖。

直到确定了部队完全可以从这里涉水过河，找到渡河路线，陈锡联才回到了岸上。

各营、连的任务明确后，再分别召开党支部大会、军人大会，进行了深入的战斗动员。

党支部大会和军人大会控诉了日本侵略者对中国人民犯下的滔天罪行，分析了完成这次任务的有利条件，要求大家树立敢打必胜的决心，提出了要为抗日打好第一仗。

虽然即将和骄横无比的侵略者展开初次交战，但是这支刚由红军改编的英雄部队的战士们，斗志昂扬。

他们说："上了前线，第一仗就打鬼子飞机，这可不简单。这一仗，管要叫敌人尝尝我们的厉害。"

部队休息时，团政治部干事余述生就到附近村子里去动员群众组织担架队。

老乡们听说要去打鬼子，都很高兴，纷纷做好吃的送给战士们，并主动扎好了几十副担架，特别是村里很多青年人还要求随部队参加战斗。

四　夜袭机场炸飞机 奋斗牺牲铭青史

18日黄昏后，各参战部队分别向预定执行任务的区域秘密开进。参战官兵一律轻装，放下棉衣、背包，绑紧刺刀、手榴弹和枪支等容易发出响声的装备；当地群众也备好数十副担架，随队跟进。

担负突击任务的第3营在先前遇到的那位老乡的指引下，很快偷渡滹沱河，利用皎洁的月光，对飞机场实行了战斗展开。第9连负责警戒阳明堡镇方向可能来援之敌；第10、11连和机枪连负责进入飞机场炸毁飞机。

从苏龙口村出发，“走了一里多地就到了徒涉点，我们一个接一个跳下河，水齐腰深，大家手挽手结成一条链，冲着水浪往前走。滹沱河水不但很深，且流得很急，冲得我们摇摇摆摆。河底的淤泥特别深，一停脚就有陷进去的危险；好些人把鞋袜都陷掉了，赤着脚上了岸。大家拖着湿透的棉衣棉裤一直奔飞机场。”时任团政治处组织干事的余述生后来这样回忆道。

在夜幕的掩护下，第10、11连和机枪连用铁剪剪开日军铁丝网，避开飞机场北端的日军警备部队，从东西两侧神不知鬼不觉地隐蔽进入了飞机场。

战士们看到了飞机，整齐地停留在机场。

当突击部队前进到距离飞机约30米时，突然传来日军哨兵的询问，接着就是两声枪响。

营长赵崇德当机立断，带领突击队当即发起攻击。第10连负责歼灭日军警卫分队，第11连迅速扑向机群，专打飞机。战士们按照事先分好的24个战斗小组，分头冲向24架飞机。

对于这种迅雷不及掩耳的袭击，日军一时被打的懵头转向，摸不清是哪里来的“神兵”。有一刻钟左右，日军就像乌龟一样缩在营房和掩蔽部里，一枪都没有敢放。

突然间，从机场的西北一下子升起了几十发红红绿绿的照明弹和信号弹，一眨眼，把机场照耀得如同白昼，日军的机枪、步枪随即向3营官兵猛扫过来。

面对日军的反扑，赵崇德营长带领部分官兵迅速地趴在地上，向日军还击。双方的火力在夜空中组成了一片交叉的火网，子弹暴雨般洒在毫无遮拦的平坦的机场上，落在麇集的人群里。

阳明堡飞机场外的铁丝网

奇袭阳明堡机场

无畏的战士们一部分迎击日军的反击，一部分继续炸飞机。他们有的用带去的煤油、汽油浇在破纸、破布和旧棉絮上，立刻点燃了火，有的用机关枪、手榴弹猛烈袭击敌机。不一会儿，整个飞机场变成了一片火海。

“鬼子第一次反扑失败了，紧接着又组织了第二次、第三次反扑。我们一面打击敌人的反扑，一面继续轰击敌人的飞机。正在打击敌人第三次反扑的时候，一架飞机的气缸被手榴弹命中了，一股浓密的黑烟卷着红火冲了几丈高，火舌舔着机身，顷刻间，整个飞机都被熊熊烈火烧着了。这一下，可找到窍门了，连着第二架、第三架……所有二十几架飞机都烧起来了，机场成了一片火海，强烈的汽油味混着浓密的火药硝烟味直呛喉咙。”二十多年后，余述生还是能回忆起来这场让人惊心动魄的战斗经历。

敌人一次又一次地反扑，一次又一次地被3营官兵击溃了。在击退敌人第七次反扑的时候，飞机已经烧得差不多了。3营官兵就一边打敌人反扑，一边准备撤出战斗。

正在这时候，从机场北面传来了隆隆的马达声，赵崇德营长判断

战斗中被摧毁的日军飞机

是代县方面敌人的增援部队到了，所以立即命令部队迅速撤退。赵崇德亲自指挥着后面的一个排，掩护部队退出战斗。

在飞机场这边战斗打响的同时，已经逼近崞县县城的第 1 营在营长孔庆德的带领下，也开始进行佯攻。

孔庆德后来这样回忆道：当时不是真正的攻城，只是冲锋号滴滴哒哒吹个不停，再加上乱打一些枪，故意大造声势，结果敌人没敢出来。但当时也做了打的准备，如果敌人真要敢出城，就把他们反击回去。又等了几个小时，便撤走了，因为牵制敌人的任务完成了。

等到阳明堡街里日军香月师团的装甲车赶来增援，还没有赶到飞机场时，第 3 营已经撤出了机场。

袭击阳明堡飞机场的战斗历时 1 小时，击毁敌机 20 余架，毙伤日军警备部队 100 余人。

炸毁日军飞机

然而，不幸的是，在准备撤出、战斗将要结束时，日军又打出几十发照明弹，接着几挺机枪向 3 营官兵扫射过来，第 3 营营长赵崇德不幸中弹牺牲了。

赵崇德

赵崇德，原名开逵，又名宗德，1914年4月出生在河南省商城县伏山乡新塘湾一个贫苦农民家中。赵崇德兄弟姊妹5人，赵崇德排行第四。

赵崇德自幼生性好动，秉性刚强，聪颖灵巧。他8岁入学，学习之余十分喜欢习武练艺。因为生计困难，赵崇德只上了两年私塾。父母先后去世后，他就被迫辍学，与兄妹相依为命，靠给地主放牛、种地为生。

1929年5月6日，河南商城起义成功。8月，赵崇德的家乡建立了苏维埃政权。深受火热革命形势感染的赵崇德很快就参加了3区少年先锋队，并担任了分队长。

1930年，赵崇德带领少先队员帮助红军家属插秧，突然遭到地方反动民团的包围。赵崇德遇事不慌，机智过人，带领众人成功突围，一时传为佳话。

1931年，赵崇德报名参加了中国工农红军，编入红4军28团当战士。第二年，加入了中国共产党。

此后，赵崇德跟随红4军主力转战大别山数十个县，参加了黄安战役、商(城)潢(川)、苏家埠战役、花山寨阻击战。

1934年，赵崇德随红四方面军参加了著名的二万五千里长征。

赵崇德作战十分英勇。他一打起仗来就不要命。他经常挂在嘴边的一句话是："说我无能可以，别说我怕死！"

因为作战勇敢，屡立战功，赵崇德历任班长、排长、连指导员、营长。

赵崇德待人诚恳热情，说话办事干脆利落。无论是军事斗争还是政治工作，他都严以律己，对战士们关怀备至。

因为带兵作战又机智果敢，身先士卒，所以战士们称他是"打仗如虎，爱兵如母"的好营长。

他率领的部队以夜间奔袭作战和近战见长，经常取得以智克敌、以少胜多的战果，被上级授予"以一胜百"的锦旗。

1937 年抗日战争全面爆发后，赵崇德任八路军第 129 师第 358 旅第 769 团第 3 营少校营长。

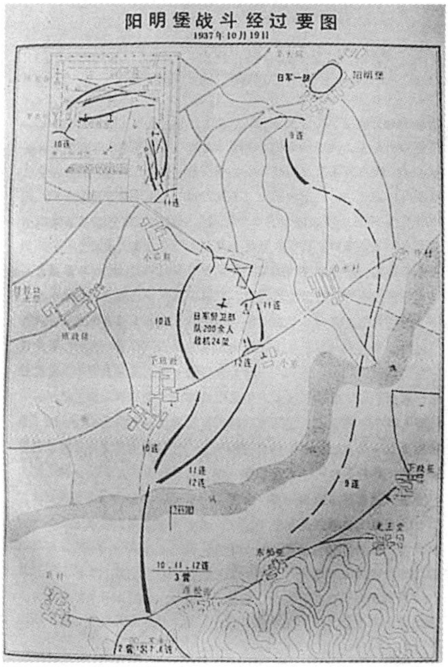

夜袭阳明堡战斗经过要图

10 月中旬，当 769 团团部决定炸掉日军设在阳明堡的飞机场时，赵崇德积极请战。团长陈锡联就把袭击飞机场的艰巨任务交给了善于夜战、近战的"以一胜百"的赵崇德的第 3 营。

赵崇德随后在第 3 营做传达命令和动员。他说："党和上级把上前线第一次战斗任务交给我们第 3 营，我们要坚决打好上前线的第一仗！"

接着赵崇德说：夜战是咱们

的拿手戏，要猛要快，要机动灵活，等飞机着火之后，迅速撤出战斗。

赵崇德烈士遗照

为了表示杀敌决心，赵崇德在奔赴战场前还当场把自己长期积存的五元钱双手交给了汪乃贵副团长，声音激动地说：“如果我在战斗中牺牲了。这就作为我交的最后一次党费。这是我向党表示的决心！”

赵崇德的情绪感染了所有的人。党员和群众、干部和战士都一起表示：“营长的决心就是我们的决心！”

10月19日凌晨，在769团第1、2营的策应下，赵崇德率领第3营直插敌飞机场，不畏强敌，将20余架敌机炸毁。

在撤出战斗时，赵崇德为掩护战友不幸中弹，壮烈殉国，年仅二十三岁。

“敌人一次又一次地反扑，一次又一次地被我们击溃了。在我们击退敌人第七次反扑的时候，飞机已经烧得差不多了，我们已胜利完成任务，我们一边打敌人反扑，一边准备撤出战斗。正在这时候，从机场北面传来了隆隆的马达声，营长判断是代县方面敌人的增援部队到了，立即命令部队迅速撤退。营长亲自指挥着后面的一个排，掩护部队退出战斗。正当我们撤退着，鬼子又打出几十发照明弹，接着几挺机枪向我们扫射过来，只听见通信员喊道：‘余干事，营长负重伤了！’我的心一下都紧了，当时离营长旁边有几十步远，又扶着一个伤员后撤，身边没有担架，只好大声叫通信员扶着营长赶快往后撤，通信员是个身强力壮的大个子，背起营长就跑。刚直起腰跑出几步远，敌人又是数十发照明弹射向天空，接着又是十几挺机枪向我们实施火力追击，两个人一下都沉重地跌倒了。我急忙跑过去一看，营长和通信员都牺牲了……”跟随赵崇德营长参加了夜袭战役的余述生后来这样深情地回忆道。

收到赵崇德等人牺牲的消息后，129师师长刘伯承通知陈锡联等人详细调查赵崇德烈士的履历，随后向八路军总部汇报烈士英勇奋战直至牺牲的不朽业绩，请求予以抚恤。此后多年，刘伯承还经常谈起赵崇德，为这位很有指挥才能的英雄的牺牲，感到十分的惋惜。

赵崇德虽然牺牲了，但是他那不朽的英名随着奇袭阳明堡机场的英雄事迹传遍了神州大地。他的英雄事迹被后人广为传颂，直到现在太行山区还流传着这样一首歌谣：

万里长城万里长，雁门关下古战场。
阳明堡里烧怒火，倭寇飞机一扫光！
七六九团英雄多，誓死捍卫我中华。
出征抗日第一仗，功在千秋赵崇德！

1938年，赵崇德被追授“好干部”称号。

1940年7月1日，129师政治部编印的中国共产党诞生19周年、抗日3周年纪念丛刊《烈士传》，收录了赵崇德的英雄事迹。师长刘伯承、政委邓小平分别为这本书写了序言和文章。

刘伯承饱含深情地写道："赵崇德同志是共产党人。为了中华民族的解放，牺牲了自己的一切。这种精神只有伟大的革命者才有，有了它可以战胜一切。"

邓小平写道："（赵崇德）他们虽然牺牲了，他们的英名，他们的光荣功业、气节德行，是与中华民族解放的史迹不可分离的，是与河山千古光辉永存的。"

彭德怀也曾在回忆录里称赞赵崇德"忠肝赤胆，与日月争光"。

五　首战成名灭敌焰 鼓舞人心获嘉奖

夜袭阳明堡飞机场的战斗结束之后，团长陈锡联和副团长汪乃贵立即联名致电八路军总司令朱德、副总司令彭德怀以及第129师师长刘伯承、政治委员张浩，报告了夜袭阳明堡飞机场的战斗经过。

以下是陈锡联、汪乃贵关于夜袭阳明堡机场战斗经过致朱德等电：

朱、彭、刘、张：

三营十、十一两连，昨夜一时由刘家庄渡河，袭击阳明堡南五里敌之机场，战斗经过与经验：

我以两连兵力，以一个连突击机场，一个连作掩护和预备队，当接近机场时，两个连均突入机场。接近敌机后，看见敌机三列，每列八架，计二十四架。敌守兵两个中队，当我接近飞机时，敌哨兵才发觉，敌即涌出发枪。我战士以敌飞机作荫蔽工事，以飞机作掩护与敌肉搏，约数小时。敌由阳明堡增援装甲汽车，我始退出。计毁飞机二十架，敌伤亡一百以上。我伤亡三十余人（内营长一，指导员一、排长二）。

陈、汪

当天下午 5 时，朱德、彭德怀即联名致电卫立煌、傅作义等，通报了第 769 团夜袭阳明堡机场的情况。朱德、彭德怀还联名致电周恩来转蒋介石并第二战区司令长官阎锡山，通报了这一消息，并请蒋介石对参战官兵予以嘉奖。

第 769 团首战告捷，而且是以步兵歼灭敌人大量飞机，有力地支援了忻口国民党军队的正面战场，振奋了军心和民心。真是大快人心！

第 129 师师长刘伯承接到陈锡联夜袭阳明堡飞机场的捷报后，喜出望外，连声赞叹："首战告捷，打得好，打得好！"

随后，129 师授予 769 团 3 营 10 连"战斗模范连"光荣称号，授予连长杨万兴"战斗英雄"称号。

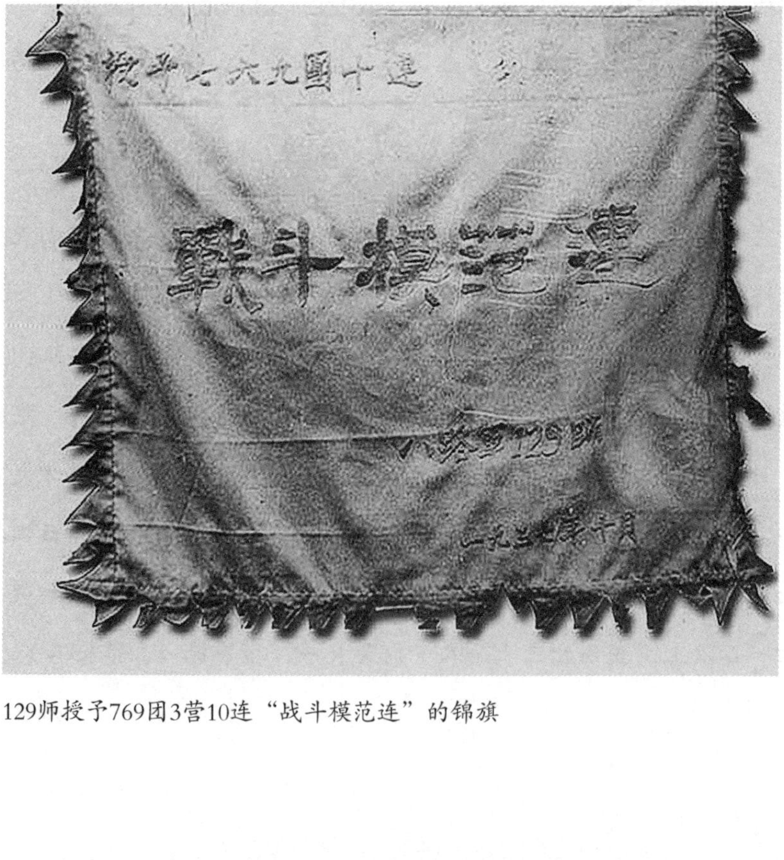

129师授予769团3营10连"战斗模范连"的锦旗

接到夜袭阳明堡机场的捷报后，八路军总司令朱德十分高兴，他不仅向当地群众宣布了这一好消息，还请他们和他算了一笔账：一架飞机值多少钱？这些钱能买多少小米？这些小米又能让多少人吃一年？账一算完，群众热烈欢呼，庆祝八路军取得的又一次重大胜利。

当时在第 3 营第 11 连当兵的贾曙光后来回忆说："当时，我们同阎锡山的部队同时在一个村驻防。他们见八路军的装备差，看不起我们，更不相信我们能袭击日寇的飞机场。当我们袭击日寇机场战斗打响后，他们还派人进行了暗地观察。我军的胜利，给晋军很大震动。他们对我军立即投来羡慕的眼光。"

从 19 日起，坚守忻口阵地的国民党官兵惊喜地发现日军的飞机竟然不再临空轰炸了，满是欣喜。当他们听说是八路军第 769 团摧毁了日军飞机场，阵地上一时欢腾起来。他们说：八路军真好！真行！不但能打日本，还能把日本人的飞机场彻底摧毁。他们一直高呼："中华民族万岁！"

在忻口前线指挥作战的卫立煌将军，在得知八路军第 769 团夜袭阳明堡飞机场的详细报告后，在惊喜和赞叹钦佩的同时，特地致电周恩来，高度赞誉阳明堡战役。他指出："没有把 129 师调去打阵地战是做对了。阳明堡烧了敌人二十四架飞机，是战争历史上从来没有过的事情。我代表在忻口正面作战的将士对于八路军表示感谢，感谢！"

八路军用一个营的兵力飞兵夜袭阳明堡日军飞机场，对敌机造成了毁灭性杀伤，消灭敌守备队 100 余人，极大地削弱了日军的空中突击和运输力量，有力地配合了国民党友军在忻口正面战场的作战。

正如时任国民党独立 21 师师长李仙洲所说："阳明堡机场未被八

路军一锅端前，我军每天死伤敌机轰炸扫射平均一个团，况且每天敌机肆无忌惮地在我们头顶上飞来飞去，极大地影响了我军的士气呀！”

八路军副参谋长左权更是高度评价了陈锡联团飞兵夜袭阳明堡日军飞机场对于支持忻口会战所起到的独特而重要的作用。他指出：正在敌人利用飞机滥肆轰炸我忻口正面阵地，以弥补其陆地部队战斗力之不足，也正在敌人利用飞机输送给养、飞机成为其生命线时，我八路军陈锡联团又奇兵突袭，以营长以下30余人牺牲之代价，于10月19日夜袭阳明堡飞机场，毁伤敌机20余架，更使忻口之敌恐慌万状！

周恩来也曾于1937年11月16日，在山西临汾的群众大会上，作题为《目前抗战危机与坚持华北抗战的任务》的讲演时，高度评价了奇袭阳明堡机场对于坚持华北抗战的重要意义。

第769团不仅得到蒋介石颁发的特别嘉奖令，还收到国民政府军事委员会两万元的现金奖励。

六 奇袭战例成经典 抗战名团美名扬

飞兵夜袭阳明堡飞机场的战斗，是在抗日战争初期，中国共产党领导下的八路军第 129 师第 769 团进行的一次振奋全国的辉煌战役。奇袭阳明堡一役，反映了中国人果敢、坚毅、顽强、自尊的人格品质，不但捣毁了敌机，扰乱了敌人作战步骤，甚至影响了整个战局的发展，提振了国人的信心。

“万里长城万里长，雁门关下古战场。阳明堡里一把火，日寇飞机一扫光。”当地人民知道八路军飞兵夜袭阳明堡飞机场后，在他们中传扬着这首歌谣。

阳明堡袭击战在全国也引起了仅次于平型关大捷的强烈反响。上海、延安、太原各地群众团体纷纷募集款项慰劳八路军官兵。

募集来的 2.75 万元加上国民政府军事委员会奖励的两万元汇到八路军总部后，朱德等人决定将奖金分配给八路军前方将士。

1937 年 11 月 2 日，总司令朱德、副总司令彭德怀、政治部主任任弼时、副主任邓小平署名发出《袭击阳明堡所得奖金分配》的电报。

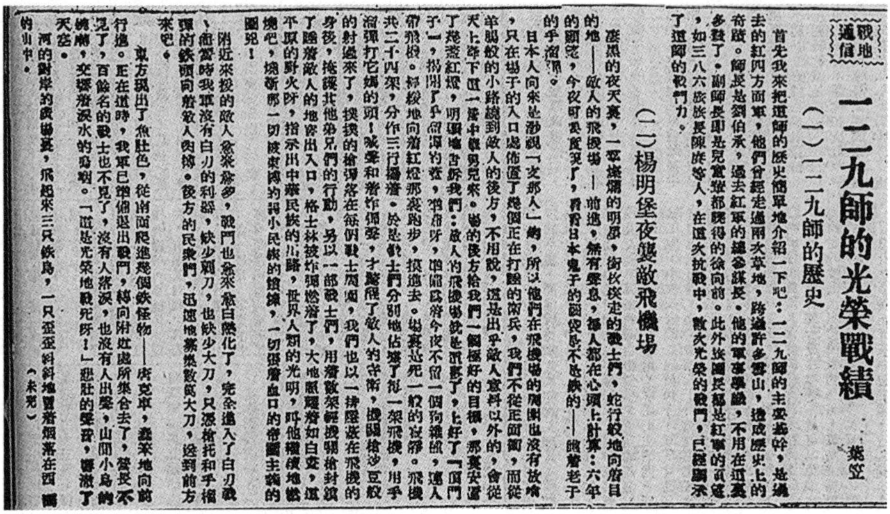

戰地通信

一二九師的光榮戰績

葉笠

(一)一二九師的歷史

首先我來把這師的歷史簡單地介紹一下吧：一二九師的主要基幹，是過去的紅四方面軍，他們曾經走過兩次草地，跨過許多雪山，造成歷史上的奇蹟。師長是劉伯承，過去紅軍的總參謀長，他的軍事學識，不用在這裏多說了。副師長即是兒童都曉得的徐向前。此外旅團長都是紅軍的頁健，如三八六旅旅長陳賡等人，在這次抗戰中，數次光榮的戰鬥，已經顯示了這師的戰鬥力。

(二)楊明堡夜襲敵飛機場

漆黑的夜天裏，一羣矯健的明眸，銜枚疾走的戰士們，蛇行般地向着目的地——敵人的飛機場——前進，無有聲息，每人都在心頭上計算：六年的圈恨，今夜可要復仇了，看看日本鬼子的飛機是不是鐵的——嚐嚐老子的手溜彈。

日本人向來是渺視「支那人」的，所以他們在飛機場的周圍也沒有放哨，只在場子的入口處佈置了幾個正在打瞌的衛兵，我們不從正面衝，而從羊腸般的小路繞到敵人的後方，不用說，這是出乎敵人意料以外的，會從天上降下這一羣中華男兒來。場的後方給我們一個極好的目標，那裏安置了幾盞紅燈，明顯地告訴我們：敵人的飛機場就是那裏了，上好了「頂門子」，揭開了手溜彈的蓋，準備呀，準備……今夜不留一個狗雜種，遠人的飛機。悄悄地向着紅燈那裏跑步，摸進去。場裏是死一般的寂靜。飛機共二十四架，分作三行擺着。於是戰士們分別地佔據了每一架飛機，用手溜彈打它媽的頭！喊聲和着炸彈聲，才驚醒了敵人的守衛，機關槍沙豆般的射過來了，快快的槍彈落在每個戰士周圍，我們也以一排壓鏈在飛機的身後，掩護其他弟兄們的行動，另以一部戰士們，用着數架輕機關槍封鎖了瞪着敵人的地營出入口，格士林被炸彈燃着了，大地照耀着如白晝，這不羈的野火呀，指示出中華民族的出路，世界人類的光明，呼他積極地燃燒吧，燒斷那一切被束縛的弱小民族的鎖鍊，一切猙獰血口的帝國主義的圖兒！

附近來援的敵人愈來愈多，戰鬥也愈來愈白熱化了，完全進入了白刃戰、血戰時我軍沒有白刃的利器，缺少刺刀，也缺少大刀，只憑槍托和手榴彈的鐵頭向着敵人肉搏。後方的民衆們，迅速地募集數百大刀，送到前方來吧。

東方現出了魚肚色，從密而爬進幾個鐵怪物——唐克車，蠢笨地向前行進。正在這時，我軍已準備退出戰鬥，轉向附近處所集合去了，營長不見了，百餘名的戰士也不見了，沒有人落淚，也沒有人出聲，山間小鳥的號嘯，交織着淚水的寂靜。「這是光榮地戰死呀！」悲壯的聲音，響澈了天空。

河的對岸的疎林裏，飛起來三只鐵鳥，一只歪歪斜斜地冒着烟落在西面的山中。

（未完）

《新中华报》刊登的夜袭阳明堡机场的报道

这篇电文指出：我军参加抗战以来，由于全军指战员之英勇取得的大小胜利，在支持华北战局上起了重大的作用，南京军事委员会对我军袭击阳明堡机场奖励两万元，陕北、太原、上海群众团体亦募集 2.75 万元。

决定上项奖金分配办法如下：

1. 全军指战员各发奖慰金 1 元；

2. 参加阳明堡战斗指战员各发 2 元；

3. 袭击阳明堡受伤干部发养伤金 10 元，受伤战士发养伤金 6 元。

各部即按此规定照发，并借此鼓励战士更加提高我军作战勇气。

不仅如此，这场战役还让团长陈锡联收到了一份意外的惊喜。

原来，全国各地的许多报刊登载了八路军夜袭阳明堡机场的消息和陈锡联的照片后，陈锡联家乡的乡亲就看到了。他们拿着报纸告诉了陈锡联的母亲。日夜思念儿子的陈母看到儿子的照片，高兴得泪流满面。

她久久地凝视着儿子的照片，不停地呼喊：“锡联，娘好想你啊！”

后来，陈母就赶紧请一位能识文断字的先生来代笔。在信中，陈母鼓励儿子再接再厉，多打鬼子。

因为不知道陈锡联的具体地址，这封信寄给了八路军总部。半年后，这封信才转到了陈锡联的手中。

读着母亲的来信，陈锡联激动万分，热泪涟涟。他将这封信一直珍藏在身边。

“平型关下歼板垣，阳明堡前敌机焚”。1965 年 8 月，时任解放军总政治部主任的萧华为纪念抗战胜利 20 周年，欣然做诗，对八路军第 769 团夜袭阳明堡飞机场的辉煌战绩赞誉有加。

1959 年 3 月，时任解放军炮兵司令员的陈锡联在审阅昆明军区有

夜袭阳明堡机场遗址

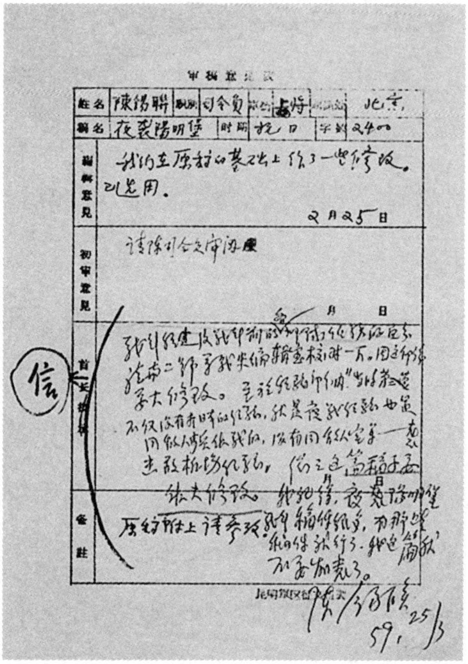

陈锡联关于《夜袭阳明堡》的审阅意见

关人员撰写的《夜袭阳明堡》一文时，曾经这样说过：当时第 3 营没有打日本的经验，就是夜战也是同敌人步兵夜战的，没有同敌人空军——袭击敌机场经验。

那么，陈锡联团又为什么能够在如此情况下获得这样的殊荣呢?

首先，这次战役以极小的代价，大量摧毁敌机，使日军在晋北战场一度失去了强大而猖狂的空中突击力量，创造了以少胜多、以弱胜强的一个奇迹。

更为重要的是，八路军用机枪、集束手榴弹打飞机，创造了世界军事史上的一大奇迹。

现代战争，要消灭对方的空中力量，只有两种方式：或者歼敌于空中，或者毁敌于地面。

全面抗战初期，侵华日军的主要打击力量是国民党统治集团。但是，国民党的空中实力远远不及日军，无法夺取战役战斗的制空权；而且因为缺少对空射击和远程打击的兵器，国民党地面部队也难以对付猖狂肆虐的日军航空部队。这样，国民党军队在和侵略者的对空作战方面完全陷入了被动。

《刘伯承军事文选》书影

这一时期，日本侵略者极少提到共产党领导下的八路军。在他们眼里，也许这支装备极差、人数很少的队伍根本不值一提。然而，他们决不会想到，强大的第5师团刚到达平型关下，还没有放开手脚，就遭到一次惨重的打击；他们更不会想到，他们强大的空中优势还有什么对手可言。但是，先后给予他们重重打击的，又恰恰是这支他们不屑一提的队伍。

在夜袭阳明堡的战斗中，陈锡联带领下的第769团，大胆运用新战法，用步兵武器一次性摧毁了敌机，创造了毁敌空中力量于地面的世界军事上都少有的经典战例。

所以说，陈锡联团夜袭阳明堡的成功，不仅仅在于毁伤了20余架敌机，消灭了100余敌人，主要是摧毁了日军的空中突击和运输力量，更为重要的是，它是忻口会战的重要组成部分，有着不可替代的角色，在整个忻口会战的战略大格局中发挥了独特而重要的作用。它和第115师的平型关大捷、第120师的雁门关大捷一起，具体体现了中国共产党领导下的八路军对忻口国民党正面战场的有力的战略配合和支援，为迟滞和阻碍日军进攻忻口发挥了重要作用。

所以，卫立煌高兴地对周恩来说：八路军把敌人几条后路都截断了，对我们忻口正面作战的军队帮了大忙。

正是由于八路军实施的夜袭阳明堡飞机场和伏击雁门关等一系列

《陈锡联回忆录》书影

战役，策应、帮助和支援了在忻口方向与日军作战的国民党军队，对稳定忻口的战局起到了不小的作用，使得忻口会战得以持续23天之久。

其次，这次战役创造了主动进攻、灵活机动作战的一个模范战例。

和国民党正面战场只知单纯防御不同，中国共产党领导下的人民军队在敌强我弱的形势下，不是采取被动防御的战略战术，而是攻势防御、积极防御。也就是在敌人侧翼和后方展开广泛的埋伏、袭击等机动灵活的战斗。

和埋伏战一样，袭击战也是一种非常重要的作战战术。前者主要应用于运动中的敌人，而后者则是打击驻地敌人的有效方式。

左权后来在总结陈锡联团飞兵夜袭阳明堡日军机场的战斗时说道："惊人的阳明堡烧毁敌寇飞机24架的战斗，……便是袭击敌人的模范战例。"

主动进攻与被动防御的选择，一般情况下是由双方的实力决定的。但是，实际中的战争同样充满辩证法：强与弱并不是绝对的，敌强我弱，这是敌人的优势；但是我们也有许多有利条件，敌人又有许多不利条件，这就是我们的优势了。要使我们能够获得主动权，就必须依靠每个指战员，在每一个具体的战斗环境中，善于发现和正确运用这些有利条件，正确处理好各种矛盾，牢牢抓住战争的主动权。

所以，在开展游击战争时，要善于抓住主要矛盾、主要问题。忻口之战，对中国守军最大的最直接的威胁莫过于日军的飞机。第 769 团在发现日军飞机的蛛丝马迹后，紧追不舍，在地面把敌人的飞机摧毁掉，这就大大减轻了地面部队所遭受的空中打击。

对于作战而言，充分的调查了解、深入的思考和周密的计划部署十分重要。深入调查研究，摸清摸透情况，掌握尽可能多的信息，在此基础上加以详尽的考虑，做出周密的计划部署，做足做实战前功夫。这是战场取胜的关键所在。

毛泽东在《中国革命战争的战略问题》这一篇文章中指出："鲁莽的专凭热情的军事家之所以不免于受敌人的欺骗，受敌人表面的或片面的情况的引诱，受自己部下不负责任的无真知灼见的建议的鼓动，因而不免于碰壁，就是因为他们不知道或不愿意知道任何军事计划，是应该建立于必要的侦察和敌我情况及其相互关系的周密思索的基础之上的缘故。"

1938 年，第 129 师师长刘伯承在《129 师抗战一周年的战术报告》中指出：夜袭阳明堡飞机场的战斗，优点是侦察清楚，部署周密，行动秘密而迅速，动作突然而坚决，为我八路军的抗日作战提供了很好的经验。特别是 3 营在营长

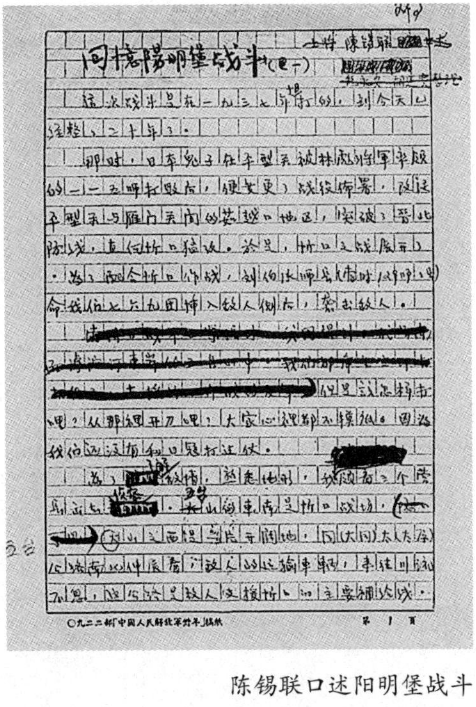

陈锡联口述阳明堡战斗

赵崇德同志带领下，全营同志以坚决、勇敢的格斗，不惜牺牲，故能在1小时内完全摧毁敌机。

因为夜袭阳明堡机场，毛泽东从此记住了“陈锡联”这个名字。而战后总结，陈锡联则把师长刘伯承的话用活了：“站前侦查要清楚清楚再清楚，部署要周密周密再周密，打起来了，要勇敢勇敢再勇敢。”这几句话后来被陈锡联常挂在嘴上，成了他打仗的秘笈，并且逐渐形成了“陈氏”指挥风格。

战场形势瞬息万变。这就要求前线指战员必须结合实际，因地制宜，把握主动权，当机立断地下达作战命令和做出周密的作战部署。在夜袭阳明堡飞机场的战斗中，陈锡联等指战员精心研究来自中共中央、八路军总部和刘伯承的指示，结合自身实际，根据千变万化的情况，独立自主，果断行事，抓住有利战机，取得了令世人赞誉的军事创举。

打仗还必须扬长避短，充分发挥出自身的长处。八路军装备十分落后，一般的爆破器材都没有，担任主攻的三营威力最大的武器就是手榴弹。但是，第3营能攻善守，善于近战和夜战。凭借着快速行动、速战速决的机动灵活的战略战术，第3营迅猛有力地完成了团部交给的战斗任务。

机动灵活还表现在：要寻求敌人的弱点，突击敌人的弱点；迅速和秘密地接近敌人，迅速发现敌人；以包围迂回的手段，压迫敌人于不利的战术地位；条件不利于我战斗时应及时退出战斗。

这些宝贵的经验在第769团后来的对敌作战中得到了进一步的继承和发扬。

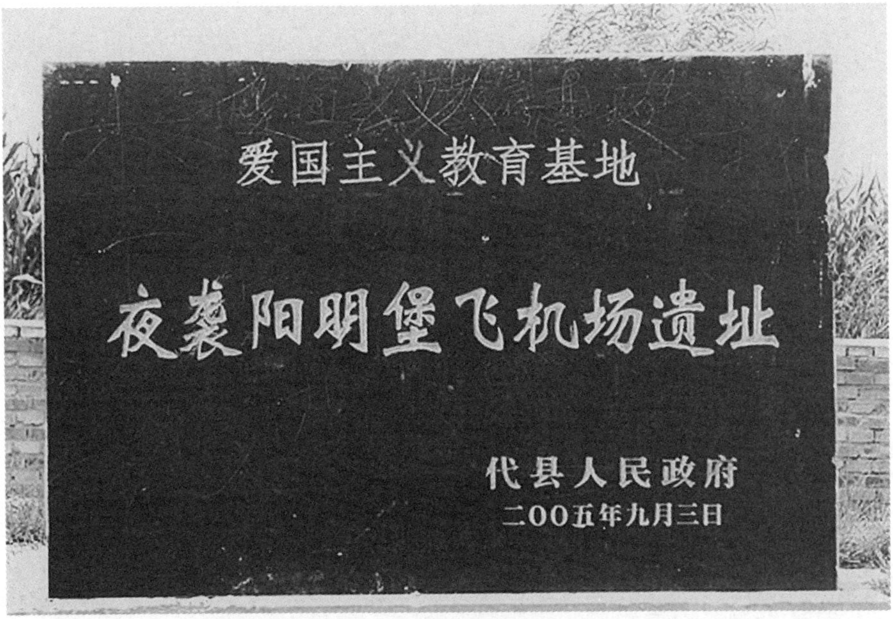

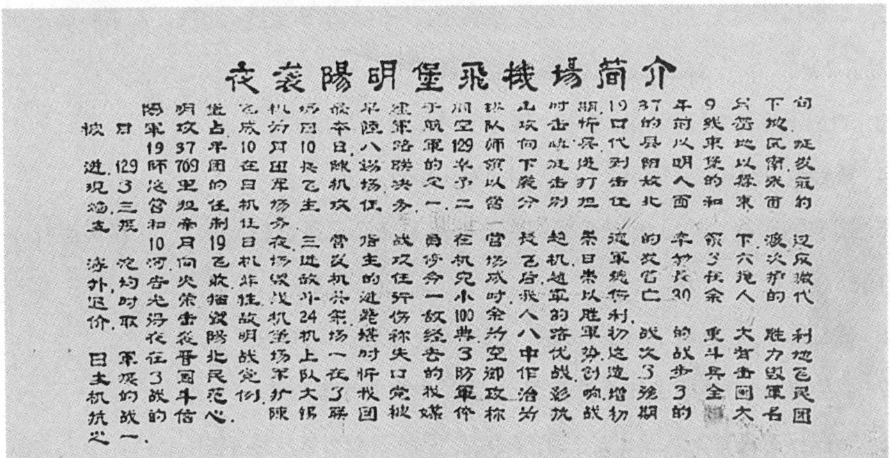

夜袭阳明堡机场遗址碑

主要参考资料

1. 八路军总政治部宣传部. 抗日战争时期的八路军和新四军. 北京：人民出版社，1980.

2. 军事科学院《刘伯承军事文选》编辑组. 刘伯承军事文选. 北京：军事科学出版社，2012.

3. 刘伯承等. 将帅回忆录. 成都：四川文艺出版社，1996.

4. 陈锡联. 陈锡联回忆录. 北京：解放军出版社，2007.

5. 艰苦的历程：中国工农红军第四方面军革命回忆录选辑. 北京：人民出版社，1984.

6. 阎红彦等. 在红旗下前进. 成都：四川人民出版社，1958.

7. 萧泓等. 抗日战争中的元帅将军. 北京：中央文献出版社，2005.

8. 《国民革命军第八路军史》编辑组编. 国民革命军第八路军史. 北京：中央文献出版社，2005.

9. 陶纯. 太原大会战1937. 贵阳：贵州人民出版社，2011.

10.《中国人民解放军军史》编写组. 中国人民解放军军史. 北京：军事科学出版社，2011.

11. 叶庚，陈文秀，程佩玉. 试论忻口战役中的国共合作. 山西师大学报（社会科学版），1985（4）.

12. 苏士甲. 有关夜袭阳明堡的几个具体问题. 历史教学，1984（6）.

13. 王人广. 袭击阳明堡日军飞机场究在何时. 中国人民抗日战争纪念馆文丛，1991年（6）.

14. 潘泽庆. 关于八路军夜袭阳明堡机场时间的考证. 军事历史，2016（2）.